LARISSA MICHELIN

Do pensamento à REALIDADE

Os segredos de como superei os limites da minha mente e criei a vida que sempre sonhei

CITADEL
Grupo Editorial

2022

Título original: Do pensamento à realidade

1ª edição: Maio 2022

Autora:
Larissa Michelin

Preparação de texto:
Equipe Citadel, Iracy Borges e Tássia Carvalho

Revisão:
Lays Sabrina

Projeto gráfico e diagramação:
Anna Yue, Francisco Lavorini

Ilustrações:
Klarkson de Oliveira

Foto de capa:
Lucas Cavalheiro

Capa:
Jéssica Wendy

DADOS INTERNACIONAIS DE CATALOGAÇÃO NA PUBLICAÇÃO (CIP)

Michelin, Larissa
Do pensamento à realidade : os segredos de como superei os limites da minha mente e criei a vida que sempre sonhei / Larissa Michelin. – Porto Alegre: Citadel, 2022.
240 p.

ISBN 978-65-5047-129-3

1. Desenvolvimento pessoal 2. Sucesso 3. Motivação 4. Empreendedorismo I. Título

22-1956 CDD 158.1

Angélica Ilacqua - Bibliotecária - CRB-8/7057

Produção editorial e distribuição:

CITADEL
Grupo Editorial

contato@citadel.com.br
www.citadel.com.br

SUMÁRIO

INTRODUÇÃO

Toda grande ação que surge a partir de nosso interior, e que vem para transformar completamente a nossa vida, muitas vezes nasce da inconformidade com o estado das coisas que nos cercam. Podemos, por vezes, sentir desconforto e descontentamento em relação ao que precisa ser mudado, e esse sentimento, apesar de inicialmente causar certa aversão, pode se transformar em ânimo e motivação que nos fazem encarar, sob outra perspectiva, os desafios que a vida nos impõe. Acredito, por exemplo, que existe uma harmonia entre branco e preto, pois, quando passamos a enxergar o mundo com outros olhos, descobrimos a luz no escuro e, finalmente, entendemos que o branco não existiria sem o preto.

Eu sou Larissa Michelin, empresária, influenciadora digital, fundadora do Treine Sua Mente e cofundadora da Cocodensado, a primeira empresa de leite condensado vegano do Brasil. Minha missão é ajudar as pessoas a acreditarem em si mesmas e a realizarem os seus sonhos, usando duas "ferramentas" extremamente potentes – a mente e a lei da atração. Meu desejo é mostrar que o pensamento tem poder e guia nossas ações rumo à construção da nossa realidade.

Minha jornada de transformação começou por causa de uma insatisfação com meu corpo extremamente magro, o que me causava baixa autoestima e fazia com que eu comparasse o meu corpo com o de outras pessoas. Entrei para o treinamento físico e conquistei 20 kg de massa muscular, e foi a partir disso que constatei que todos os meus objetivos seriam possíveis. Depois de descobrir que meu maior poder de realização estava da minha pele para dentro e que só eu poderia ativá-lo, quebrei minhas crenças limitantes, reprogramei a minha mente, fiz dela minha maior aliada e foi então que minha vida alavancou. Saí de um estágio que limitava meu tempo e meus resultados e me arrisquei para ir atrás do meu verdadeiro sonho. Aos 24 anos conquistei mais de 500 mil seguidores no Instagram, construí um canal no YouTube com mais de 20 milhões de visualizações, alcancei minha liberdade financeira e cheguei aonde sempre quis estar: com saúde e o corpo dos meus sonhos, amigos e relacionamentos saudáveis, a carreira profissional que sempre desejei e uma vida repleta de realizações, na qual, acima de tudo, há plenitude e paz de espírito. Neste livro, compartilharei a minha história, revelando que minha vida nem sempre foi assim. Ainda na adolescência, enfrentei situações pesadas e bem desafiadoras. Foram anos travando uma luta contra a ansiedade, a depressão e incontáveis pensamentos negativos que me fizeram experienciar a síndrome do pânico e viver períodos de muita dor e incerteza. Vivi uma realidade na qual já me senti em um mar extremamente turbulento, infeliz e desacreditada da vida dos meus sonhos.

Muitas vezes julgamos que a nossa situação pessoal é um caso à parte e não há como mudar, mas aqui você vai descobrir que tudo é possível, independentemente do que você estiver enfrentando, pois dividirei com você qual foi exatamente o caminho que percorri até dominar essas duas ferramentas poderosas e alcançar o poder da realização.

Passados dez anos de dedicação e constância em busca da minha melhor versão, hoje posso dizer que:

- Não foi bomba para ganhar 20 kg de massa muscular, foi foco e persistência incansável na alimentação e no treino;
- Não foi trabalho duro para alcançar minha liberdade financeira, foi trabalho inteligente unido a uma mente abundante;
- Não foi preciso ver a escada inteira, mas sim apenas o primeiro degrau;
- A responsabilidade por produzir a minha própria realidade dependia apenas de mim.

Se você se pergunta como conseguir realizar os seus sonhos, aquilo que você sempre quis e até mesmo o que você nem imaginava ser possível, este livro é para você. Juntos vamos embarcar em uma jornada transformadora rumo à melhor versão de si mesmo, na qual conceitos de valor inestimável, como a lei da atração, as leis do sucesso e o poder da realização, serão as principais ferramentas nesse processo. Aqui, você se surpreenderá ao entender que tudo que realizei nasceu do meu pensamento e que todas as minhas conquistas seguiram o fluxo "do pensamento à realidade", inclusive este livro, o qual eu já visualizava sendo vendido na Amazon e em grandes livrarias e sendo lido por uma pessoa sonhadora, ambiciosa e corajosa como você.

Esse fluxo é como uma grande viagem em alto-mar. A travessia, muitas vezes, pode trazer ventos que ameacem virar a sua embarcação no oceano chamado "VIDA", mas ao ler este livro você vai descobrir não apenas como construir o seu barco, da proa até a popa, de maneira que fique resistente para a formação de uma nova realidade, mas também como ajustar as velas para que os ventos, por mais fortes e contrários que sejam, **não impeçam que o barco continue andando em direção à realidade que você deseja triunfar**.

Tudo isso ocorrerá por meio da mudança das suas crenças, do domínio dos seus pensamentos e da construção **de uma mente forte e resistente, com velas muito bem ajustadas**.

Prepare-se: você dominará o seu próprio barco e embarcará comigo nesta jornada transformadora!

COMO USAR ESTE LIVRO

Quando fui convidada a escrever sobre como transformei completamente a minha vida ao longo dos últimos dez anos e passei a ajudar milhares de outras pessoas a também se tornarem bem-sucedidas e prósperas por meio do meu conteúdo nas redes sociais, meus pensamentos logo me trouxeram uma imagem: somos como uma "embarcação", e para alcançarmos o que sonhamos na vida sempre realizamos "travessias".

Analisando ainda mais esse tema, já reparou como os desafios da vida muitas vezes se assemelham a uma tempestade? Quando você menos espera, o tempo começa a fechar, os ventos começam a soprar violentamente e os raios começam a se manifestar, assim como os problemas e as dificuldades que surgem em nosso caminho. Assim como um barco, se não estivermos resistentes, com uma base sólida e com boa navegabilidade, podemos afundar na primeira rebentação. Por outro lado, ao fortalecermos toda a nossa estrutura, começando pelos nossos pensamentos, somos capazes de dominar a arte de velejar no oceano da vida.

Nos próximos capítulos deste livro, você acompanhará não só episódios da minha história pessoal, em que mostrarei como cheguei ao que parecia ser o fundo do poço, mas também como a partir de uma grande virada de chave ressurgi com uma força que foi capaz de me guiar para a realização dos meus maiores sonhos.

Do pensamento à realidade está dividido em sete capítulos, e em cada um deles você encontrará informações valiosas concentradas em dicas e notas ao longo do texto, além de um desafio ao final de cada capítulo para que você possa realizar a construção do seu veleiro ideal. Respire fundo, separe papel e caneta, esteja presente na hora da leitura, realize os desafios propostos e sublinhe as informações que propiciarão a você ter novas ideias. Seu objetivo a partir de agora será construir o seu próprio barco e, conforme avançar nessa construção, aprender os princípios que levarão você do pensamento à realidade.

Boa leitura!

pensamentos
positividade
pensamentos
gratidão
positividade
gratidão
pensamentos
gratidão
responsabilidade
protagonismo
confiança
protagonismo
confiança
responsabilidade capitão

1 UM OCEANO SEM FIM

O início da jornada de realizações na vida é um oceano sem fim, e nesse começo quase me afoguei. Lembro-me exatamente de como foram os primeiros sinais da preocupação excessiva com a minha aparência, do sentimento de inadequação no mundo e de todos os outros sintomas de ansiedade extrema, obsessão e confusão mental. Eu estava perdida, no escuro, e me sentia afogando em um mar de desilusões.

Até 2010, eu vivia uma vida absolutamente normal. Estava com treze anos e não tinha preocupações excessivas. Mas isso começou a mudar quando naquele mesmo ano falei para minha mãe que queria começar a fazer academia. Eu havia acabado de assistir a um show da Shakira durante uma viagem que tinha feito em família, a Nova York, e ao vê-la cantando e dançando foi um momento de inspiração para mim. Quando olhei para a Shakira, no palco do Madison Square Garden, dançando e rebolando com toda autoconfiança e entusiasmo do mundo, eu afirmei: "Nossa, que corpo lindo! Eu quero ser assim".

Naquele momento eu descobri o meu primeiro grande desejo: ser fitness. Sendo adolescente, eu estava naquela época em que só comia besteira na maior parte do tempo. Comia salgadinhos industrializados, chocolates repletos de açúcares, pão bisnaguinha, achocolatados, refrigerantes... ou seja, uma alimentação rica em farinhas, sódio, açúcar e condimentos, o que contribuía muito para o inchaço abdominal. Meu formato de corpo era o de falsa magra: tinha pernas finas e gordura acumulada no abdômen. Como estávamos em viagem, lembro-me de ter me "largado" ainda mais na alimentação, comia só *snacks*, comidas cheias de condimentos e doces. Quando me olhei no espelho e vi que estava completamente inchada, constipada e fora de forma, lembrei da Shakira, com seu corpo esbelto e inspirador e apenas afirmei: "Eu vou ser fitness".

Foi uma grande mudança, pois da família eu era a que comia mais besteira, não ligava se estava comendo certo ou não, tanto que na infância minha mãe me chamou uma vez de "barrigudinha". Inclusive, foi algo de que ela se arrependeu muito depois, quando se deu conta do que aconteceu, mas não teve intenção nenhuma de me prejudicar. Ela apenas queria que eu me alimentasse melhor. Minha mãe, Silvia, sempre foi disciplinada com academia e dieta, então quando eu falei que queria começar a treinar, ela concordou, mas disse que eu teria de me alimentar bem, porque senão não adiantaria muito o esforço. O projeto fitness estava sendo levado tão a sério que, pelo incentivo da minha mãe, fui a uma nutricionista, que passou uma dieta com cálculos de macronutrientes, algo muito novo para mim na época. Por escrito, ela determinou a quantidade de cada alimento que eu deveria comer, por exemplo: 80 g de batata-doce no almoço + 150 g de peito de frango + 100 g de legumes. Eu tinha apenas treze anos e me questionei até que ponto eu precisaria disso... mas já que estava lá e eu me propus a fazer, pensei: *Então bora, né?*

Sabe aquela pessoa que, quando coloca uma coisa na cabeça, vai até o fim? Essa sou eu. Quando tenho um objetivo significativo para mim, me torno obstinada e faço o que for necessário para alcançá-lo. Comecei a seguir a dieta e o treino e, de fato, emagreci. Eu ia na academia todos os dias, fazia muita esteira e comia exatamente a quantidade que a nutricionista tinha passado. Nem um grama a mais nem um grama a menos. Assim, eu emagreci, e minha mãe começou a perceber também. Mas em questão de dois meses comecei a ficar fissurada e com a saúde mental afetada, e foi assim que de águas calmas passei a enfrentar mares cada vez mais agitados no curso da minha vida.

Eu notei que estava emagrecendo, e com a perda de peso veio a preocupação excessiva. Havia começado a academia em outubro, e quando chegou o verão no mês de dezembro eu já estava toda "noiada" e querendo melhorar o meu corpo cada vez mais. Enquanto minha irmã, Amanda, estava curtindo as férias com os amigos, eu ia dormir cedo, acordava e ia treinar; comecei a deixar de comer várias coisas que eu gostava, tudo porque passei a me olhar de outra forma. Gradativamente fui deixando de viver o meu presente, e passei a ter pensamentos recorrentes do passado. De repente vinha em minha mente as vezes que minha mãe havia chamado atenção sobre meu corpo e as besteiras que eu estava comendo, ou quando a minha irmã me chamava de gordinha, época em que éramos bem crianças e uma provocava a outra em brigas e discussões – eu retrucava chamando-a, por exemplo, de "Olívia Palito". Mesmo que os comentários não tenham sido com a intenção de me machucar, e hoje considero "algo bobo", naquele verão eles me atingiram com força, devido ao meu emocional que já se encontrava em estado alterado.

O que está acontecendo com ela?

Apelidos que antes eram inocentes na minha infância, de certa forma passaram a me atingir e eu comecei a emagrecer cada vez mais. Eu poderia ter adquirido uma distorção de imagem, algo muito comum entre meninas que sofrem de distúrbios alimentares, porém, na realidade eu me via magra, exatamente como estava, mas àquela altura eu já não sabia mais o que tinha na cabeça.

Cheguei a ponto de ficar preocupada porque ficaria duas semanas sem treinar por causa de uma viagem à Disney. Meus amigos estavam todos lá se divertindo e eu neurótica me questionando se iria treinar ou não. Todos comendo pizza, batata, massa e eu só comia salada. Gastava muita energia no dia e não estava repondo o suficiente.

"Nossa, tu não vai treinar? Tu vai perder massa muscular e ganhar gordura."

"Barrigudinha!"

"Pizza tem muito carboidrato e engorda!"

Os pensamentos obsessivos se tornaram cada vez mais frequentes, e passei a ficar transtornada pesquisando no Google o que engordava e o que emagrecia. Essa primeira onda de pensamentos negativos e obsessivos me mostrou que o que estava acontecendo comigo não era normal, mas eu ainda não tinha o domínio de falar: "Eu vou dar um fim nisso". **Era como se eu estivesse numa auto-observação da minha vida**, mas foi tudo muito rápido nessa transição.

Um dos lugares mais felizes e animados do mundo não foi o suficiente para me deixar bem, pois em todo parque a que eu ia só tinha pizza e hambúrguer para comer, então eu não comia. Eu jogava fora a pizza, junto do vale-refeição. Eu não comia porque pensava: "*Eu vou engordar. Esses fast-foods têm muito sódio, muita gordura, fazem mal*". Óbvio que eu não sou a favor de incluir *fast-foods* na rotina alimentar, mas naquele contexto, em uma viagem de adolescentes aproveitando a Disney e toda diversão que ela oferece, junto ao fato da energia gasta ao correr nos parques, estava tudo bem comer. Afinal, do que adianta se alimentar apenas com calorias limpas e ter a mente transtornada e inquieta? Hoje, já vejo a situação com outro olhar. Naquela viagem comecei a ficar fraca durante os passeios. Eu via as pessoas caminhando com a maior disposição, porque estavam alimentadas e de bem com a vida, e eu me sentindo cada vez mais fraca, além de sentir cada vez mais frio, um frio muito além do normal para aquela época do ano, pois meu percentual de gordura estava muito baixo, chegando a 7%.

Quando finalmente voltei daquelas duas semanas, meu pensamento se voltou direto para o ganho de massa muscular, já que estava muito magra. Agora os comentários das outras pessoas eram:

"Você tá muito magra."

"Magricela."

"Por que você faz dieta e academia se tu já é magrinha?"

Então o ano de 2011 inteiro, quando eu estava com catorze anos, foi focado em corpo, dieta, treino e tudo que girava em torno do ganho de massa muscular. Tudo isso em conjunto com uma rota de colisão com a minha saúde mental e emocional. Aquela Larissa que era muito tranquila, que comia de tudo, que às vezes tomava "refri" e comia doce, foi dando espaço para uma versão cada vez mais distorcida de si mesma.

O meu rápido emagrecimento, que aconteceu entre outubro de 2011 a fevereiro de 2012, começou a chamar atenção das pessoas à minha volta, então, logo começaram os comentários, que me causavam raiva e constrangimento e não ajudavam em nada na minha situação. A mudança de colégio nessa mesma época acentuou ainda mais esse desconforto, pois passei a ouvir comentários até mesmo de pessoas desconhecidas. Às vezes, eu ia na academia e também ouvia crítica e sentia olhares estranhos em minha direção.

Tudo isso me causava raiva e me impulsionava de forma negativa, porque eu ia para a academia e queria extrapolar os treinos. Passei a treinar duas vezes por dia, de maneira obsessiva, e continuava pesquisando na internet sobre tudo o que engordava e o que emagrecia, e o que fazia bem para ganhar massa muscular e o que não fazia. Sem nenhum domínio sobre os meus pensamentos e sem a consciência de que estava doente, ia às escondidas em loja de suplementos e comprava um monte de pós que prometiam ganho de massa. Tinha dias que eu passava a tarde inteira nas lojas, avaliando todos os suplementos e comidas fit.

Deve ser uma fase

"Ah, deve ser uma fase..."

No começo, era nisso que os meus pais acreditavam. "Tu não achas que tá comendo muito frango, Larissa?", perguntou o meu pai uma vez. Como o frango é uma fonte de proteína, na minha cabeça eu achava que tinha que comer muita proteína para ganhar massa muscular. Foi o que eu li em um dos sites de hipertrofia. Então, a base da minha alimentação se tornou peito de frango, atum em lata, *whey*, batata-doce e legumes sem sal. Lembro quando eu estava pesquisando no Google os carboidratos bons para ganhar massa magra e apareceu a batata-doce. *Wow, sério isso?*, pensei. Fiquei surpresa, pois nossa família comia batata-doce desde sempre. Desde criança meu pai servia batata-doce nos almoços, só que de sobremesa, com leite condensado em cima, rsrs. E eu achava muito bom, então quando li fiquei superfeliz e pensei: *agora vou comer batata-doce em todas as refeições*. Então, quando meu pai, Romeu, fã número

1 de batata-doce, a oferecia para mim, eu aceitava, o que pode tê-lo tranquilizado um pouco em relação às minhas paranoias na alimentação.

Porém, as paranoias foram crescendo. Minhas refeições eram divididas de 3 em 3h - período indicado por muitos profissionais para quem deseja aumentar a massa magra - e se o horário da refeição estivesse marcado para às 15h, às 15h01 eu já corria abrir a marmita, achando que, se eu atrasasse o horário, poderia perder músculos, ou seja, catabolizar. O nível de paranoia foi tanto que eu chegava a acordar às três horas da manhã para tomar o hipercalórico que deixava em um copo em cima da cômoda ao lado da minha cama, achando que, se eu não fizesse isso, iria também catabolizar. Fora isso, eu ia para a aula e levava sempre as marmitas comigo; era muito fissurada em ficar vendo *posts* de médicos, nutricionistas a respeito de alimentação. Passei a fazer coisas que nunca antes tinha feito, como ir ao banheiro comer escondida, porque eu tinha vergonha de comer frango na frente das pessoas. Imagina ter catorze anos, estar cercada de todo mundo na escola, ou em uma festa, e sair para comer frango? Um absurdo. Então eu tinha vergonha, eu me isolava. Às vezes, no meio da aula, eu tomava muita água, umas dez garrafas de água e algumas de chá verde. Tudo era muito estranho e, claro, acabei não escapando do julgamento; rolou um certo *bullying*, o que fez eu me sentir pior ainda. Chegou uma hora que eu não comia mais nada que não fosse preparado por mim. Ou seja, eu não comia em restaurante, eu não comia o que meus pais faziam. Eu não comia o que a nossa secretária doméstica preparava porque pensava: *Ah, mas ela vai colocar óleo... Ela vai colocar sal... não posso comer óleo, não posso comer sal.*

Eu parei de almoçar com meus pais e com minha irmã, pois ia para o meu quarto comer sozinha; então, sem querer, acabei desunindo a família. Foi um período bem conturbado para nós. Mas as coisas começaram a mudar quando minha mãe passou a perceber que eu estava exagerando. Ela era minha parceira, íamos juntas até a academia, só que ela viu que estava sendo demais. Em seguida, passou a me proibir de tomar suplemento, alegando que poderia me fazer mal, pois eu era muito jovem. A minha irmã, Amanda, foi se distanciando de mim durante aquele 2011 inteiro.

"Ah, você só se preocupa com o corpo."

"Nossa, a Larissa não é mais minha irmã. O que está acontecendo com ela?"

Naquela fase, a Amanda ainda sentia aquele orgulho adolescente. Não era algo como "vou te ajudar", mas aquele "sai de perto de mim", o que marcou um momento muito delicado entre nossa família. E quando chegou o mês de agosto tudo explodiu.

Passado quase um ano da minha vida dedicando-me a treinos e dietas, de fato eu comecei a ganhar massa muscular. Foram quilos de proteína na alimentação, incontáveis horas de treino, e tudo mais que eu pudesse fazer para ganhar músculos. O esforço foi tanto que comecei a ter resultados. Mas, ao passo que ganhei um pouco de massa muscular, ganhei também um pouco de barriga, o que é normal, só que não para mim no estado em que me encontrava. *Agora eu vou perder toda essa barriga, eu vou me radicalizar, não vou comer mais carboidrato, eu vou cortar todo carboidrato!*, foi o que pensei na mesma hora, e foi algo realmente doentio. Tive essa ideia com base nos sites de hipertrofia que eu consultava, porém neles há muita informação distorcida, informações que servem em maior peso para atletas que competem, e não para uma pessoa como eu naquela situação. Por isso, a importância de sempre cuidar com o que lê e de onde lê. Totalmente sem responsabilidade, cortei todo o carboidrato e só comia basicamente frango e clara de ovo, além de treinar exageradamente. Eu me sentia fraca e mesmo tendo quase quinze anos ainda não menstruava, pois mesmo estando em fase de desenvolvimento, a minha saúde estava sendo prejudicada, por causa dos radicalismos que adquiri na alimentação.

Uma vez minha mãe chegou a dizer que um dos seus maiores arrependimentos foi ter me colocado na academia, pois de fato comecei muito cedo. Mas acredito que tudo acontece por um motivo, então foi como tinha que ser. Muito provável que eu nem estaria aqui escrevendo este livro se tudo isso não tivesse acontecido.

Hoje, ainda tenho flashes daquela época em que as pessoas me olhavam de um jeito esquisito no colégio porque eu era realmente muito estranha. Não falava com ninguém e estava tão magra que eu mesma já não me reconhecia.

Quando estamos atravessando um estado depressivo, podemos experimentar um comportamento compulsivo, cheio de manias e um pensamento fixo em determinada questão. No meu caso, a fixação era por não ganhar gordura, por isso, quando vi os números durante uma avaliação nutricional apontarem que eu havia ganhado gordura – o que praticamente era impossível visto que eu comia apenas alimentos limpos e treinava pesado –, aquilo refletiu em como eu me olhava no espelho mais uma vez. *Nossa, mas eu ganhei gordura*, meus pensamentos giravam em torno disso. Só por ter visto que o número do percentual de gordura havia aumentado na avaliação física, eu disse para mim mesma que iria perder o que havia ganhado, mesmo estando de outra forma. Muitas vezes a pessoa que está emagrecendo pode se sentir frustrada ao subir na balança e ver que o peso não mudou. Mas isso não significa que ela não alcançou resultados, pois ainda assim há grandes chances de estar emagrecendo e conquistando massa magra. No entanto, eu não conseguia ainda enxergar dessa maneira, então em cerca de um mês eu perdi absolutamente tudo o que eu havia ganhado de massa muscular.

Todos em casa começaram a perceber, porque minha mãe já não estava mais me apoiando na academia, e antes ela sempre ia comigo. A essa altura, meus pais já estavam falando com uma psicóloga para me colocarem na terapia e passaram a proibir meus esforços para eliminar a gordura, como no caso da drenagem linfática.

"Drenagem linfática? Como assim, Laari?", você pode estar se perguntando agora, mas apesar de ter praticamente zero gordura, eu buscava tudo quanto era alternativa para emagrecer. Quando eu ia para a massagem, as massagistas acabavam me atendendo; parecia até que não viam que eu estava magra demais, e isso deixou meus pais bem irritados com a massagista. Então, quando certo dia cheguei para uma sessão, soube que eles ligaram para ela, que, chorando, não quis me atender.

Caramba! O que foi que eu fiz!?

Lembro-me exatamente como se fosse hoje do dia em que me olhei no espelho e vi nitidamente que estava agindo tanto no piloto automático que não havia percebido o que eu me tornara. Eu me olhei magra e me assustei. Pensei: *Caramba, o que foi que eu fiz!?* Aquele foi o momento em que eu realmente senti o meu chão desmoronar. Senti como se tivesse perdido meses da minha vida; não me conformava como era possível eu ter desperdiçado momentos preciosos com a minha família e amigos ao ter ficado cega por uma obsessão. Também tive um sentimento muito forte de culpa e só tentava encontrar as respostas na minha cabeça de como é que eu tinha ficado daquele jeito. Em seguida, foi como se tivesse passado um filme em minha cabeça de tudo o que eu havia vivido nos últimos meses, e logo em seguida várias cenas da minha vida começaram a sur-

gir. Foi como se nesse momento tivesse caído uma venda dos meus olhos.

Sabe aquele momento em que acontece algo realmente desastroso em sua vida, daqueles que parecem não ter solução, e você apenas sente desesperadamente a vontade de voltar atrás no tempo e recomeçar? Foi isso que eu senti. Eu só queria apagar tudo aquilo que tinha acontecido comigo e me colocar de novo na rota certa, mas compreendi que não seria possível dessa maneira. Aquele confronto do espelho marcou para sempre a minha vida, pois foi quando eu senti pela primeira vez os sintomas mais agudos da depressão. Eram sentimentos muito tristes e um pensamento constante e acelerado na tentativa de compreender o que estava acontecendo com a minha vida. Naquela noite comecei a chorar muito, e, embora minha irmã tenha vindo em minha direção sorrindo para tentar me deixar feliz, eu não conseguia parar de chorar. Eu não entendia o porquê de me sentir daquele jeito, nem de não conseguir ficar feliz, eu me sentia mais triste ainda. Minha irmã, que é um ano e meio mais velha que eu, não compreendeu muito o que estava acontecendo comigo naquele momento, mas estendeu o braço para me ajudar e fez o possível para ver eu melhorar.

Chega uma hora em que a nossa ficha sempre cai. Às vezes pode demorar, e muitas vezes pode doer, mas é necessário para nos colocar novamente no prumo; comigo não foi diferente. *Nossa! Tô doida! O que é que eu tô fazendo!?*, foi o pensamento que perpassou todo o meu corpo, e então tudo desmoronou. Eu estava afundando em um oceano sem fim, porque a partir daquele momento pesou o fato de tudo que tinha acontecido nos últimos meses: as pessoas me olharem estranho na escola e na academia, a desunião da minha família, os quilos de massa muscular perdidos, a baixa estima e a sensação de todo esforço ter sido levado por água abaixo. "Mas, Laari, tudo isso por um corpo?" Agora não se tratava mais de um corpo e de uma transformação física, mas, sim, de todas as emoções negativas que acompanharam esse processo, a sensação de esforço perdido e a angústia de me sentir derrotada.

E assim meus dias foram desmoronando. Eu me deitava na cama e só chorava. A minha irmã me perguntava por que eu estava chorando, mas não compreendia que para mim tudo era sentido de uma maneira muito triste, e que eu estava sofrendo de um intenso estado de melancolia. Ela ainda tentava racionalizar, mas não adiantava; eu estava em um estado de profunda tristeza, que somente tempos depois iria entender se tratar de apenas um momento. E aquele momento não definia quem era a Larissa.

Esse momento não te define

Gosto muito de dizer que os pensamentos são como nuvens. A gente pode observá-los apenas passando, pois eles vêm e vão. Por isso que podemos dizer que os nossos pensamentos não nos definem, eles são apenas pontos de vista da nossa mente. A diferença do quanto esses pensamentos vão impactar a sua vida, ou não, está no quanto de atenção você dá a eles, o quanto você os alimenta. Se eu tivesse essa consciência naquela época, certamente não teria me culpado tanto por ter pensamentos ruins. Enquanto eu estava naquele estado, achava que o pensamento me definia, pois ele tomava conta de mim, e isso me preocupava. Além disso, em alguns momentos que eu tinha pensamentos negativos, vinham pensamentos extremos para eliminar aquela dor. *Vou acabar com isso de uma vez por todas*, eu pensava. E horas depois eu me culpava e me envergonhava por ter tido esses pensamentos. Porém, o ciclo se repetia inúmeras vezes. Quando eu compartilhava isso com meus pais e minha irmã, eles se assustavam e os motivos para se preocupar só aumentavam.

Para quem passou, está experienciando, ou conhece alguém que está sofrendo com depressão, preciso dizer que a pessoa nunca deve se sentir culpada ou acreditar que ela "é" assim. Na realidade, ela apenas "está" assim, e pode enfrentar um ciclo vicioso de momentos que não a definirão, pois são apenas momentos que caracterizam um estado. Por exemplo, assim como uma pessoa um dia sai para beber, e fica num estado eufórico, uma pessoa que está passando por algum transtorno emocional pode manifestar diferentes estados e comportamentos.

Agora, é preciso entender como sair desse estado. Se neste momento você tem enfrentado algo parecido, o que o levou para esse estado?

É isso que quero deixar bem claro neste livro. Hoje, recebo inúmeras mensagens de meninas que estão depressivas e acreditam que os pensamentos que estão tendo no momento as definem, mas isso não é verdade.

* * *

"Além de não precisar se culpar, você tem que entender que o momento ruim não define quem você é. Lembre-se de que você só está nesse momento, e ele vai passar."

Antes de ser medicada, passei por um período de duas semanas bastante conturbado, porque eu tinha que acordar cedo para ir à escola, mas não conseguia dormir de noite em razão da síndrome do pânico que se instalara em mim. Eu fiquei em um estado tão ruim, que passei a relembrar que um ano antes a minha vida era outra. Eu estava saindo com minhas amigas, estava rindo, e do nada eu me olhei no espelho e disse: "Gente, quem é essa?". Eu não estava entendendo o porquê daquilo tudo e me questionava como havia ficado daquele jeito. Eu não entendia nada naquele momento, então isso me deixava pior ainda.

O que eu fiz para merecer isso?

Por que isso está acontecendo comigo?

Eu não estou me reconhecendo. Quem é você?

Quando enfrentamos uma grande tempestade, como é o caso da depressão, automaticamente passamos a querer respostas do que ocasionou o nosso sofrimento. Até meus treze anos fui uma criança normal, mas assim como qualquer pessoa que pode hoje estar com uma vida considerada perfeita, de repente as coisas começaram a mudar. Eu estava superfeliz, tinha amigas, nunca tive nenhum problema na escola. Nunca tinha sofrido *bullying*. Então, por que aquilo estava acontecendo comigo?

Ao cair da noite, começava o meu pavor: *Nossa, e se eu não dormir? Mas e se eu não conseguir dormir??* Assim que eu me deitava, vinha uma crise de ansiedade, que logo me fazia levantar, ir até o terraço do apartamento em que eu morava para então gritar. Minha mãe, apavorada, ia ao meu socorro junto da minha irmã, que chorava enquanto via aquele meu estado.

Quando nos sentimos aflitos, angustiados com uma situação, quase sempre há um grande impulso para se livrar das sen-

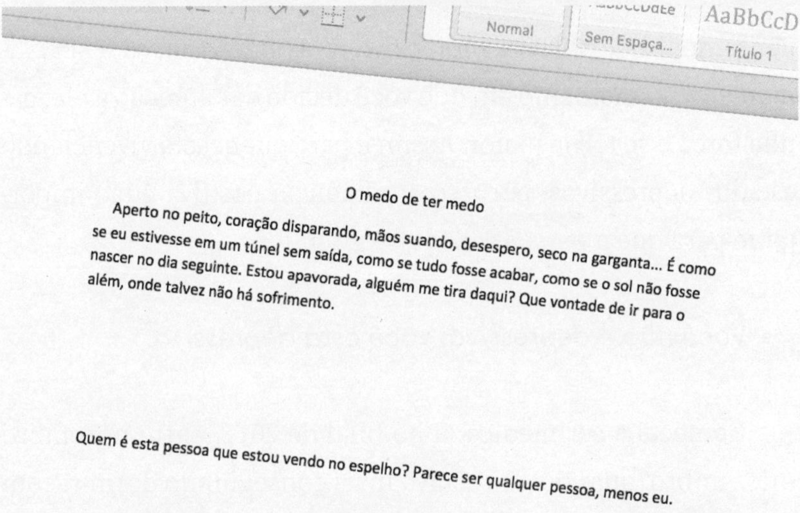

O medo de ter medo

Aperto no peito, coração disparando, mãos suando, desespero, seco na garganta... É como se eu estivesse em um túnel sem saída, como se tudo fosse acabar, como se o sol não fosse nascer no dia seguinte. Estou apavorada, alguém me tira daqui? Que vontade de ir para o além, onde talvez não há sofrimento.

Quem é esta pessoa que estou vendo no espelho? Parece ser qualquer pessoa, menos eu.

Mensagem que escrevi para mim mesma em 26 de agosto de 2012.

sações que invadem o nosso corpo. Por isso é fundamental que tenhamos apoio para passar pelos momentos mais sombrios até que sejam superados.

Minha família é a minha base, e felizmente tive o apoio deles; talvez não seria a mesma coisa se não tivesse tido esse suporte. Mas cada um agia de uma forma. Minha mãe ficava apavorada e chorava, já meu pai pegava na minha mão e falava: “Tá tudo bem, você vai passar por isso. Tá tudo certo, guria”. Eu nunca vou me esquecer disso. Quando eu dizia: “Nossa, tá tudo errado”, ele falava: “Não, tá tudo bem” – com um sorriso no rosto tranquilizador. E assim a minha percepção ia mudando: “Nossa, é verdade, eu tô exagerando”. Eu me questionava sobre meus exageros e logo notava que estava tudo bem mesmo.

Dependendo dos seus pensamentos, do quanto você os alimenta, a situação em que você está cresce. Por exemplo: um pensamento de tristeza inofensivo, mas que começa a ser alimentado no momento em que você decide dar atenção a ele, ganha força e se torna maior. Assim é para quem está vivenciando estados depressivos, por isso a influência positiva é tão importante para que a pessoa saia desse circuito.

"Você não é depressiva, você está depressiva."

Comecei a ser medicada no final de 2011, entre novembro e dezembro, quando não estava mais conseguindo dormir, com repetidos ataques de pânico, e isso estava afetando todo o meu desempenho nas atividades diárias. Fui a um psiquiatra, ele trocou algumas palavras comigo e me receitou antidepressivo e Rivotril em gotas para dormir. Foi algo muito novo para mim, pois nunca havia tomado remédios fortes antes. Já para os meus pais foi uma surpresa, pois são adeptos da medicina chinesa e sempre priorizam todos os tratamentos à base de chás; porém, eles tiveram que entender que era um momento em que eu estava precisando. Na primeira semana, a medicação já surtiu muito efeito, eu tinha picos de felicidade e a preocupação excessiva com o corpo desapareceu. Em alguns momentos, aquela neura, que antes dominava a minha mente, desaparecia. Vários prazeres começaram a voltar, como o prazer de comer, de dormir, de dançar, de ter momentos em família. Voltei a comer a comida feita pela minha mãe, voltei a ter momentos de felicidade e aos poucos fui recuperando parte do peso perdido. Poucas semanas do início da medicação, nós fomos viajar para passar o final de ano. Em alguns momentos, eu sentia que tinha renascido. Tinha sentimentos extremos de

Notas da Laari

O estar é transitório. O ser é permanente. Quando você afirma "eu sou depressiva", "eu sou burra", "eu sou tímida", você reduz sua possibilidade de mudança, pois reforça a mensagem para a sua mente e ela começa a acreditar cada vez mais nisso que você está afirmando. E, assim, seu eu começa a se modelar conforme aquilo que você definiu que é. Cuidado com o que você afirma e a forma que você afirma, pois isso está moldando quem você é.

alegria, fazia brincadeiras com a minha irmã e começava a rir muito, na maioria das vezes, sem motivo.

Apesar de a medicação ter me causado esse bem-estar, que é algo comum dos antidepressivos – esses fármacos agem fazendo com que a serotonina permaneça disponível por mais tempo, o que melhora o humor dos pacientes –, alguns efeitos colaterais começaram a ficar mais intensos. Eu sentia muito sono. Tinha dias que eu ia dormir às dez da noite e acordava às duas da tarde. Eram dezesseis horas seguidas... E ainda assim sentia sono durante o dia. *Algo está errado,* eu pensava. Porém, como eu tinha ficado tantas noites sem dormir nos últimos meses, fui levando esses momentos, até como forma de "recuperar o sono perdido".

Até que, quando fui fazer a reconsulta com o psiquiatra, algo nos surpreendeu. Ao conversarmos, ele me perguntou: "Estás tomando as cinco gotas de Rivotril por noite?". E eu, espantada, respondi: "Cinco gotas? Está escrito na caixa 25 gotas". Ele, ainda mais estarrecido, ficou meio sem reação e notou que tinha prescrevido a quantidade errada. Identificamos a explicação pelo sono excessivo, porém o que eu não sabia era que essa dose, cinco vezes maior que a recomendada, iria me causar uma dependência por alguns anos. Meus pais ficaram revoltados e cogitaram até processar o profissional. Já eu, tive que ir diminuindo a dose do remédio, o que foi um desafio porque já havia me acostumado com as 25 gotas e coloquei em minha mente que para dormir ia precisar tomar as 25. Eu me perguntei por que tive que ser a premiada da dose errada. Novamente me senti no fundo do poço. Eu me sentia dominada por remédios. Sentia que não tinha domínio sobre mim. Vários sentimentos negativos começaram a voltar. Até que, mexendo no celular, certo dia uma mensagem apareceu pra mim: "A vida é feita de altos e baixos".

O meu coração vibrou. Eu tomei consciência de que estava em um período baixo, mas algo muito forte dentro de mim, o qual eu chamo de fé, afirmava: "Calma Laari, é só um momento... logo mais você estará no alto". E é exatamente isso, a vida é feita de altos e baixos. Os períodos "baixos" da sua vida não são tão ruins como você pensa. Eles têm muito a te ensinar. Vivencie-os, aprenda o que tiver que aprender e acredite fielmente que logo mais você irá para o alto. Um dos grandes diferenciais das pessoas que conseguem sair desse momento é que elas compreendem que tudo passa. O desespero para passar o quanto antes não vai ajudar. Como em um barco, você não conseguirá ajustar o vento, mas, quando descobre que pode ter controle sobre as velas, perceberá que depois da tempestade ainda tem mar, e que é possível navegar na tempestade em direção ao seu destino.

> *"A vida é feita de altos e baixos. Os períodos 'baixos' da sua vida não são tão ruins como você pensa. Eles têm muito a te ensinar. Vivencie-os, aprenda o que tiver que aprender e acredite fielmente que logo mais você irá para o alto."*

Eu compreendi que estava no momento "baixo" e que iria passar. Porém, não fiquei deitada esperando isso acontecer. Eu decidi seguir a minha vida. Em março de 2012, recomecei as aulas. Estava no segundo ano do ensino médio e reencontrei algumas amigas que foram estudar no mesmo colégio que eu. Algumas coisas voltaram a se normalizar. Voltei a sair, comecei a namorar e fui crescendo.

No entanto, foi uma fase de muitos desafios, em que vivi o sofrimento de alguns episódios bulímicos, alguns dias de variação de humor muito grande e outros dias de abuso de medicamentos para dormir por medo de não conseguir pegar no sono. Eu sentia que não tinha controle mental. Eu ia a um restaurante, ou às vezes comia um macarrão ou um pedaço de sobremesa e pensava: *Ah, já que eu comi isso, vou comer tudo, já estraguei a dieta mesmo*. Aí devorava toda a cozinha e depois dizia para mim mesma: "Meu Deus, o que eu fiz?". Aquele mal-estar associado com a consciência pesada me fazia colocar tudo para fora. "Nunca mais vai acontecer isso", era o que eu falava quando passava por aquilo, mas uma semana depois acontecia a mesma coisa. Eu simplesmente ainda não possuía o domínio da minha mente.

Ao mesmo tempo, criei a seguinte associação: "Se eu durmo por causa do remédio, é só colocar mais algumas gotas caso eu não consiga dormir". Analisando hoje, percebo como me expus a perigos como a automedicação, estando sujeita a apagões e a estados muito alterados da mente. Quando deixamos de ser protagonistas em nosso processo de recuperação, terceirizando a cura de um estado depressivo exclusivamente para os remédios, os resultados em geral são desastrosos.

Hoje, certamente eu daria a chance para alguma alternativa de tratamento natural, mas é claro que todo mundo ficou preocupado naquela época. Eu fiquei dependente dos remédios porque fiz a minha mente acreditar que, se eu estava feliz, se comia e se dormia, era por causa da medicação, mas não é bem assim.

Quando passamos por um estado depressivo que afeta nosso cotidiano de forma mais profunda, os medicamentos podem auxiliar, sim, contanto que sejam seguidos corretamente conforme a prescrição e com acompanhamento de um médico para que não causemos uma dependência nociva, pois o medicamento também é um tipo de droga. Quantas pessoas que consomem bebida alcoólica e estão querendo fugir de alguma coisa acabam ingerindo cada vez mais álcool? Ou, de repente, estão estressadas e recorrem ao fumo? É assim que viciamos nosso cérebro e cometemos exageros, em uma clara falta de domínio de nossas mentes.

É como deixar que o mar te leve, sem conseguir dominar aquilo de que você realmente tem controle: a sua embarcação!

Certa vez, cheguei a apagar de um dia para o outro ao tomar uma dose muito maior do medicamento, que era em gotas. Como vi o frasco praticamente no fim, pensei: *Ah, tem só mais um pouquinho*. Virei. Devia ter muitas gotas. Devo ter tomado cinco vezes mais do que deveria, talvez dez vezes, sei lá quanto, só Deus sabe... a ponto de eu chegar, acordar na manhã seguinte para ir ao colégio e não lembrar depois de nada. Estudava de manhã, das sete e meia às doze horas, e depois que voltei para casa ainda sentia tanto sono que voltei a dormir. Quando acordei, não lembrava o que tinha acontecido.

Só depois fui saber que cheguei na escola em estado de surto, falando coisas desconexas. Eu estava acordada, mas não consciente, e fiquei chocada com isso. Nesse episódio me levaram para a sala da diretora, que teve uma conversa séria comigo, e eu sem lembrar de nada do que aconteceu. Tinha uma pessoa na nossa turma que veio de fora, ela falava espanhol e não entendia português, e me disseram que alguns colegas estavam tentando falar em português com ela e eu berrava: "Mas ela não fala português!! Ela não entende português!!".

Eu simplesmente saí do eixo, ninguém compreendia o que estava acontecendo. Nem eu compreendia. Mas eu sabia que iria superar.

Nessa época, um grande medo dos julgamentos começou a se instalar em mim. Como muitas pessoas estavam me criticando e até *bullying* no colégio fizeram comigo, eu já não tinha mais a liberdade de me permitir ser como era. Tudo que eu ia fazer pensava mais antes, ficava sempre com receio do que iriam pensar ou falar.

Eu entrei no mar, fui a tripulante de uma embarcação esculpida pela projeção dos outros. Enfrentei um mar turbulento, uma tempestade e achei que ia passar a vida afogada em um oceano sem fim. Até que me dei conta de que tudo que eu precisava fazer era **ASSUMIR A PROA e me tornar a capitã do barco da minha vida**.

DESAFIO da **LAARI**

SUAS TEMPESTADES
NÃO TE DEFINEM,
MAS CONTAM
SUA HISTÓRIA

Querido capitão, já me sinto confortável para te chamar assim. Essa página é sua! Minhas tempestades não me definiram, mas são parte de mim. Elas foram fundamentais para me tornar quem sou hoje. Use esta página para contar sua história também. Escreva como se estivesse contando a história a alguém e preencha a frase no final. Relembrar a tempestade também é um lembrete de que ela passou.

DESAFIO
da **LAARI**

DESAFIO da **LAARI**

Eu, ________________________________, sei que as tempestades por que já passei ao longo da minha vida me tornaram mais forte e que toda tempestade que eu enfrentar daqui pra frente será usada para me tornar um bom capitão.

Agora, antes de partir para o próximo capítulo, eu quero que você tome consciência do que você quer ser:

(1) Tripulante de uma embarcação construída pela projeção dos outros.
(2) Capitão do próprio barco e do próprio destino.

(1) A pessoa que espera o melhor vento para navegar.
(2) A pessoa que sabe ajustar as velas a favor da condição do momento.

(1) A pessoa que constrói um barco com recursos limitados.
(2) A pessoa que usa as melhores ferramentas e constrói um mastro forte e resistente.

Se você marcou 2 em todas elas, você está pronto(a), capitão! Vamos avançar a leitura e assumir a proa!

pensamentos
positividade
pensamentos
gratidão
positividade
mentos positi
positividade
gratidão
pensament
pensamentos
gratidão
positiv
mentos pos
sitividad
gratidão
poder
responsabilidade
confian
protagonismo
protagonismo
confiança
responsabilidade
capitão
responsab

responsabilidade
protagonismo
protagonismo
confiança
responsabilidade
capitão

2 ASSUMINDO A PROA

Quando aceitei que as coisas não estavam indo bem, passei a assumir o desejo de ser a protagonista da minha história. Mesmo que eu estivesse navegando, eu não me sentia comandante da minha navegação, era como se eu fosse apenas uma tripulante completamente perdida. Foi aí que eu entendi: não bastava estar na navegação, eu deveria assumir a proa, o lugar onde fica o volante, a parte frontal do barco, onde fica o capitão, para aí sim eu me tornar capitã da minha própria história. Eu pensava comigo que, se fosse para fazer algo, era porque eu queria fazer, e não pela vontade das outras pessoas. No final de 2013, eu já nutria a ideia de sair de Caxias do Sul, a cidade dos meus pais, para ir estudar em Porto Alegre. Eu não via a hora de acabar o colégio e sair de onde eu estava, pois me pareceu que os três anos que convivi com os transtornos psicológicos foram muito mais.

O primeiro passo para mudar a rota é ACEITAR! Tomar consciência da condição atual é o primeiro passo para a transformação! Pense em um capitão que está navegando em alto-mar. Se aparecer um obstáculo, vai adiantar ele negar? Vai adiantar ele se recusar a ver o que terá que enfrentar? Não. Ele precisa aceitar que esse obstáculo chegou, aceitar a nova condição em que o navio se encontra e, assim, encontrar uma forma de sair dela.

Notas da Laari

Aceitação é diferente de conformismo.

Você só muda aquilo que você aceita, pois, se a sua vida está um caos e você não aceita, você atrai mais para si aquilo que não está aceitando. Porém, é necessário diferenciar aceitação de conformismo. No conformismo você se conforma com a sua realidade atual e não faz nada para mudar. Já na aceitação, você compreende que pode mudar a sua realidade e age em direção a isso.

Estávamos em junho e eu estava contando os dias para dezembro chegar e eu me formar. Eu queria que acabasse o terceiro ano porque estava projetando que o ano iria ficar melhor apenas quando acabasse alguma coisa. *Quando eu terminar, sair do colégio, é que as coisas vão melhorar*, pensava. Quando acontecesse tal coisa, quando eu atingisse minha liberdade financeira, ou quando eu fizesse dezoito anos – eu queria muito fazer dezoito anos –, a minha crença era de que a minha vida mudaria. Mas não mudou nada. Inclusive, minha mãe chegou a me dar uma carta escrita assim: “Enfim você chegou aos dezoito anos. E agora? Nada mudou”. Eu ainda tenho a carta guardada.

Eu estava sempre projetando que iria acontecer uma transformação na minha vida por algum episódio específico. Mas não foi um episódio específico, foi uma mudança de estado mental e padrão vibratório que fez eu mudar toda a minha trajetória. **Não é tentar achar algum ponto no meio do oceano da sua vida.** É na realidade um estado mental que está dentro de você.

Como eu sentia que o momento de estar tudo bem nunca chegava, eu sempre projetava um bote de salvação que fosse capaz de me tirar daquele caos do meio do oceano. Mal eu sabia que o bote de salvação era eu mesma.

Eu quero sair daqui

Quando chegou agosto de 2013, eu já estava assim: “Meu Deus, eu quero me formar. Não aguento mais este colégio. Eu quero sair daqui”. Naquela época, eu já havia terminado meu namoro e queria sair da minha cidade, que era pequena, para me sentir melhor, pois sentia que na minha cidade havia muito julgamento. Com a mudança, eu queria deixar a dependência dos remédios controlados, o *bullying* sofrido, a falta de amizades e o controle excessivo dos meus pais acerca do que eu fazia.

Contudo, quando eu determinei: “Vou estudar, vou passar na faculdade e vou mudar de cidade”, as coisas de fato melhoraram. Estudei para passar na PUC-RS, passei e me decidi pela Psicologia. Confiei na minha intuição, não me sentia mais pertencente a Caxias; além disso, percebi que precisava sair da zona de conforto e enfrentar novas experiências e novos desafios.

Muito embora estivesse indo para uma cidade em que eu não teria ninguém que conhecesse, e sentisse como se fosse escrever um novo capítulo da minha vida, a pressão também era grande. Eu amo meus pais, mas talvez por querer orgulhá-los sendo uma boa filha, estando na situação que eu estava, não sentia que daria o meu melhor, sem falar no excesso de supervisão, que me mantinha a maior parte do tempo insegura. Eu precisava ser desafiada.

Sair da casa dos nossos pais nem sempre é fácil. A gente sente saudades, sente falta do conforto, da comida na mesa, da louça lavada, da roupa limpa e passada também. Mas tomadas de atitude como essa de mudar de vida são fundamentais para a nossa evolução. Sou grata imensamente, também, por meus pais terem me apoiado. Eles poderiam ter dito que não, que eu deveria ficar em casa e fazer faculdade na UCS (Universidade de Caxias do Sul). Porém, apesar do aperto no coração, eles apoiaram minha irmã e eu, pois sabiam que iríamos crescer e que em longo prazo estaríamos colhendo grandes frutos. Minha mãe, Silvia, já repetia a frase de Madre Teresa de Calcutá: "Os filhos são como as águias, ensinarás a voar, mas não voarão o teu voo. Ensinarás a sonhar, mas não sonharão os teus sonhos. Ensinarás a viver, mas não viverão a tua vida. Mas, em cada voo, em cada sonho e em cada vida permanecerá para sempre a marca dos ensinamentos recebidos". Sentimos muitas saudades uma da outra nos primeiros meses. Chorávamos a cada despedida.

Mas ao mesmo tempo esse sentimento também me ensinou a valorizar mais o aconchego da minha família.

* * *

A princípio minha irmã iria junto comigo para Porto Alegre, mas ela acabou não passando na UFRGS naquele ano para o curso que queria, então fui sozinha e passei duas semanas sem ninguém ao meu lado na cidade nova.

Duas semanas depois, minha irmã também se mudou e foi morar comigo, iniciando o curso de Direito na PUC/RS. Passamos por muitos desafios e perrengues em 2014, e nosso laço de irmãs se intensificou, pois conhecemos e vivenciamos muitas coisas juntas. Foi o ano também que parei com os remédios. Minha irmã Amanda, certo dia, me perguntou se eu ainda estava tomando os remédios (antidepressivo e Rivotril). Eu disse que sim e ela opinou que já estava na hora de eu parar e eu deveria ser forte. Quando ouvi isso, senti medo, confesso. Porém, eu sentia que estava chegando a hora de eu tomar coragem e parar com eles. Se eu queria ser protagonista da minha história, deveria ter autocontrole sob meus pensamentos e emoções, e um passo grande para isso seria parar com remédios que alteravam a bioquímica do meu cérebro. Assim, dois meses depois eu tomei a decisão. Não comprei mais os remédios, porque sabia que, se tivesse eles comigo, não iria resistir e iria tomar. Fui dormir e pela primeira vez, depois de quase três anos, não tomei o Rivotril (com acompanhamento e alta médica, claro). Os primeiros dias foram terríveis. Eu suava muito nas cobertas, aqueles sentimentos que me davam nos ataques de síndrome de pânico me ameaçavam. Mas eu fui forte e mandei-os embora. Entendi que aqueles sentimentos não me definiam. E comecei a me questionar: "Qual é o pior que pode acontecer?". "Não dormir", eu pensei. E assim parece que uma chave virou. Eu não dormi nada nos primeiros dias sem o remédio e fiquei extremamente ansiosa ao longo do dia. Porém, confiei que tudo iria normalizar e que isso nunca iria acontecer se eu continuasse tomando. Tive dias de noite em claro e várias mal dormidas. Estava novamente em um mar turbulento. Até que aos poucos as ondas intensas foram cessando e tudo foi se normalizando. Aquele medo que me dava ao deitar e pegar no sono foi diminuindo. A quantidade de vezes que eu acordava durante a noite também foi ficando cada vez menor. E a vontade de dominar minha mente e não deixar ser dominada por remédios foi aumentando. Essa parada de remédios foi uma grande vitória, considero uma das maiores da minha trajetória. Só quem já foi dependente de medicamentos fortes sabe o que eu estou falando. Quando parei definitivamente e todo meu mental e emocional começou a se regularizar, tive a sensação de que eu despertei. Sim, despertei de um período da vida em que reagia a quase tudo ao meu redor e era controlada por remédios. É aquela história... um

peixe não sabe que está na água. E foi só quando eu saí da água desse oceano imenso que percebi o quão adormecida eu estava.

No ano seguinte, 2015, minha irmã estava estagiando; já eu, comecei a ficar com dúvidas a respeito do curso de Psicologia. "Será que é isso mesmo que eu quero?". Eu adorava as matérias e o conteúdo, porém não conseguia me imaginar exercendo a profissão.

Meu pai seguia pagando a minha faculdade, mesmo eu ainda estando em dúvida quanto ao curso, logo a pressão que eu sentia começou a aumentar.

Nas trocas de semestres, comecei a pegar cadeiras eletivas dos cursos de Educação Física, Nutrição e Cinema. Cogitei até fazer Publicidade e Propaganda. Como se pode ver, estava bem indecisa. Eu me sentia deslocada na faculdade. E com isso uma voz dentro de mim sussurrava que o meu caminho era outro.

Isso é um sinal bom, pois comecei a me questionar. A maior parte das pessoas vive no piloto automático, quando enfrentam momentos da vida em que desejam mudar e criar novas rotas, elas deixam de fazer isso por medo. E param de se questionar até mesmo sobre se gostam daquilo que estão fazendo.

Assim, resolvi seguir mais uma vez a minha intuição e fui em busca de um intercâmbio, pois precisava de um tempo só para mim. Eu sentia que no lugar em que estava não conseguia pensar, mas como que eu iria ter clareza se não colocava espaço na minha mente para isso? Era como se eu estivesse com um par de óculos embaçado.

"Era como se eu usasse um par de óculos e ele estivesse todo embaçado; eu não conseguia ver, então senti que precisava limpar esses óculos para ter clareza do que estava acontecendo na minha vida."

Intuitivamente, quis fazer intercâmbio, assim como a minha irmã, e antes pensava em deixar esse momento só para quando eu estivesse na faculdade. Mas certo dia, como se tivesse havido um sinal, eu estava navegando na internet pelo celular quando apareceu "Work Experience", uma oportunidade de intercâmbio. "Eu quero fazer!", disse comigo mesma, e a época era bem durante as férias, de dezembro a março. Aquele foi o momento que representou para mim uma oportunidade de conseguir um espaço para pensar no que eu realmente queria. Além disso, muitas vezes as pessoas se encontram quando fazem intercâmbio, então eu senti que deveria fazer e argumentei muito com meus pais para isso. Depois de insistir bastante, eles foram a favor e me deixaram ir.

Cheguei em Wisconsin Dells, Estados Unidos, em dezembro de 2015, com a cara e a coragem, experienciando meu protagonismo como nunca antes na vida. Não conhecia ninguém, mas falei comigo mesma: "Eu vou, e talvez lá eu saia do conforto também. E lá talvez eu sinta mais clareza". Então foi um intercâmbio de trabalho, inclusive eu queria juntar dinheiro, e foi nessa época que eu já tive as minhas primeiras ações. Antes mesmo de tomar a decisão pelo intercâmbio, eu já vinha pensando no que eu poderia fazer para ganhar dinheiro. Sendo o Work Experience voltado para o trabalho, decidi que iria e trabalharia muito.

A partir dessa experiência, tive uma grande virada de chave. Os estrangeiros com quem convivi naquele período eram muito rígidos, cumpriam horário, e eu nunca havia passado por esse rigor antes, então foi bem desafiador. Era necessário manter a pontualidade nos locais e toda uma disciplina. Eu trabalhava em um parque de diversões, e cada expediente podia ter o horário de trabalho dobrado se topássemos. Teve um dia que eu cheguei a trabalhar os dois turnos, cerca de dez a doze horas por dia, e era o dia inteiro em pé, em um trabalho bem operacional, abrindo e recepcionando as pessoas. Era bastante cansativo, mas eu sabia que estava ganhando US$ 9 a hora, e contabilizava, toda feliz, que cada hora a mais seria mais US$ 9. Fazia muito tempo que eu não tinha essa sensação de trabalho assim exaustivo, mas foi naquele momento que eu descobri **uma força**. *Caramba, eu aguentei isso o dia inteiro, e eu vou aguentar mais.* Eu me desafiava, *vou ficar mais tempo,* então durante o intercâmbio inteiro eu realmente queria fazer dinheiro. Eu estava lá trabalhando que nem doida porque havia passado o ano inteiro bem mais folgada, assistindo Netflix, procrastinando, dormindo horas a mais. Eu não tinha um trabalho, tentei um estágio, mas durou pouquíssimo tempo, então foi lá que nasceu uma vontade de trabalhar. Por mais que eu não tivesse clareza, comecei a criar um desejo de entrar em desafios e me superar.

> *"Às vezes você não precisa saber de TUDO, você só precisa sentir o seu DESEJO".*

Eu passava os dias do intercâmbio contando quanto tempo havia ficado a mais, tanto que minha amiga Karla e eu decidimos dobrar durante uma semana, ou seja, tudo que fizéssemos além das quarenta horas semanais somaria US$ 18/hora. Aquela ideia de ultrapassar o que eu ganhava me atraiu tanto que só pensava em ultrapassar as quarenta horas, nem que eu me sacrificasse em uma semana, trabalhando muito mais, e na outra eu descansasse.

Comecei a criar muito mais vontade de me superar. Aliás, foi ali que comecei a criar de fato essa resiliência, e isso me moveu muito lá. Não era o trabalho que eu queria, mas era o fato de estar lá me superando, então eu comecei a ter esse gostinho de ganhar meu próprio dinheiro, por ser fruto de algo meu, um esforço meu, o que me deixou bem feliz e realizada. Além disso, eu conciliei tudo com os treinos e alimentação saudável. Mesmo acordando cedo, muitas vezes cansada e trabalhando pelo menos oito horas por dia, eu vencia a preguiça, encaixava um treino de 45 minutos e preparava algumas marmitas saudáveis para comer ao longo do dia. Todos os participantes do intercâmbio preparavam suas marmitas, porém a diferença é que a maioria preparava com miojo, carne, pizza... já eu optava pelos alimentos mais saudáveis e, de vez em quando, abria uma exceção para comer uma comidinha americana. E foi aí que percebi: **o grande segredo está no que você faz na maior parte do tempo**.

A época do intercâmbio foi de muito aprendizado, muita experiência nova, apesar de ter sido um tempo de saudades também. Foi o primeiro Natal que eu passei trabalhando, longe da minha família. Recepcionei as famílias no parque, todas se abraçando e comemorando o Natal. Senti um aperto no peito de saudades dos meus pais e da minha irmã e fui ao banheiro chorar. Chorei muito. Um *flashback* dos momentos com eles se passou na minha cabeça. Eu precisei vivenciar essa dor para valorizar mais os momentos com eles.

"Não peça para que as coisas sejam mais fáceis. Peça para que você tenha mais capacidade de encará-las."

Notas da Laari

Tudo que acontece na nossa vida traz um aprendizado. Toda onda no oceano traz consigo uma direção. A formação da onda e a quebra dela na costa se dá pelo movimento e direção do VENTO. A intensidade e a duração do vento determinam o momento em que essa onda quebra. Na sua embarcação você não terá controle sobre o vento e a onda poderá, por vezes, te submergir, mas você terá controle sobre as velas, e isso te ajudará a passar por essa fase. Você lembrará disso mais para a frente. Nada é por acaso. Basta você observar.

* * *

Em 2015, também nasceu a primeira vontade de ter uma conta no Instagram para compartilhar um pouco de receitas e de dicas de boa forma, mas isso não durou muito tempo. Eu criei, por um mês, e logo depois desisti, pois percebi que não tinha muita interação. Mas quando retornei do intercâmbio para casa, em 2016, sabia que queria ser influenciadora, e queria trabalhar com isso.

O fato é que eu não conseguia admitir, ainda não tinha coragem de assumir que queria viver das redes sociais. Era uma época em que nem tinha muito nome para essa profissão, falava-se pouco sobre marketing digital, e eu não entendia muito dessa área. Então, embalada pela insegurança, cheguei a dizer que estudaria Educação Física, mas no fundo eu falava: "*Fala, Larissa! Fala o que tu quer, admita! Não é isso. Você quer ser influenciadora e empresária*".

Depois de tanto resistir e enganar a mim mesma que estava gostando do curso da faculdade no qual estava matriculada na época, finalmente decidi sair daquele impasse, eu me muni de coragem e disse a meus pais que queria ser influenciadora digital.

> ***"Coragem: não é a ausência de medo, mas sim agir apesar do medo. Eu tinha medo sim de dar errado, de ter que recomeçar um curso do zero, de apostar em algo que poderia não me dar retorno nenhum. Mas eu tomei coragem para AJUSTAR MINHAS VELAS, afinal, eu agora estava na proa do meu barco e o meu destino dependia exclusivamente de mim."***

Contei a eles que queria influenciar as pessoas pela internet, que meu sonho era trabalhar com isso, ganhar os famosos "recebidos", estimular as pessoas a viverem um estilo de vida saudável, fazer vídeos inspiradores, impactar e mudar a vida das pessoas e ganhar dinheiro no marketing digital. Isso foi antes de começarem as aulas, que seriam dali a poucos dias, e o que veio em seguida poderia ter me desestimulado para sempre. Em vez de incentivo, meus pais deram risadas: "Não. Você vai fazer faculdade! O que é isso? Tu vai fazer faculdade e vai ter um diploma! Hoje é importante ter faculdade, faz muita diferença; tua irmã está fazendo faculdade, e tu tem que fazer também".

Realmente tudo aquilo era muito novo, e se nem eu sabia explicar direito, imagina para os meus pais, como eles iriam entender? Mas, apesar da exigência pela faculdade, meus pais ao mesmo tempo queriam me apoiar, então o meu pai me deu a ideia inicial: "Tu pode fazer então isso que tu quer, mas faça também a faculdade. Ou seja, tu vai ter que conciliar os dois".

Relato que registrei em meu diário. Ainda estava confusa, vivendo muitos altos e baixos e com muitos questionamentos. Essa foi a fase mais desconfortável pois eu estava criando coragem para assumir meus sonhos, mas era como se ao mesmo tempo uma onda contrária chegasse em minha direção, me provocando dúvidas e incertezas. Isso impactava no relacionamento com minha família e em meu bem-estar. Porém, era apenas mais uma onda. A onda passa pela fase alta, média, baixa...: eu sabia que em breve ela ia baixar e o barco voltaria a ficar mais estável.

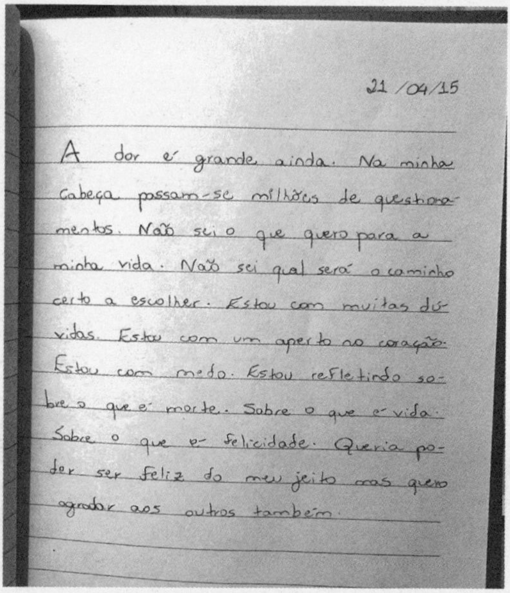
21/04/15
A dor é grande ainda. Na minha cabeça passam-se milhões de questionamentos. Não sei o que quero para a minha vida. Não sei qual será o caminho certo a escolher. Estou com muitas dúvidas. Estou com um aperto no coração. Estou com medo. Estou refletindo sobre o que é morte. Sobre o que é vida. Sobre o que é felicidade. Queria poder ser feliz do meu jeito mas quero agradar aos outros também.

"Tu pode fazer então isso que tu quer, mas faça também a faculdade. Ou seja, tu vai conciliar os dois."

Notas da Laari

O movimento traz clareza. Ficar parado, na zona de inércia, esperando que você encontre todas as respostas não vai dar certo. Você precisa agir. Você desvenda o caminho na caminhada.

Por mais que algumas coisas não façam sentido agora, elas vão fazer lá na frente. Naquele momento, eu não queria fazer cursinho e voltar, mas ele foi essencial para o meu crescimento, porque ali redescobri uma disciplina em mim, ou seja, uma disciplina de acordar cedo, pegar ônibus, e de ir até o centro de Porto Alegre, onde eu via, às vezes, situações que eu não gostava. Passava por áreas de extrema pobreza, pegava ônibus lotados em que eu mal conseguia caminhar, fazia minhas compras no mercado público com o dinheiro contado, andava por lugares perigosos com muita incidência de assalto e por aí vai... Voltei a ver matéria do colégio, uma coisa que para mim foi muito desconfortável, mas foi essa disciplina que eu criei ali que depois me ajudou a sair da zona de conforto e conquistar outras coisas.

Então, por mais que eu não quisesse fazer o cursinho naquele momento e as coisas não estivessem muito claras para mim, confiei que tudo aquilo seria importante para a minha evolução e assim prossegui.

> *"Eu quero ir pro norte, por que o Universo está me levando pro leste?"*
>
> *"Porque no leste você precisa passar por algo para que, quando chegar no norte, esteja muito mais preparado. Confie."*

Muitas vezes nos questionamos sobre o porquê de estarmos vivendo coisas diferentes das que gostaríamos. Mas o que você precisa entender é que várias coisas que parecem não estar fazendo sentido no momento vão te trazer maturidade emocional, vão te preparar para saltos maiores e vão te ensinar coisas valiosas, para posteriormente — e no momento certo — você viver a fase que deseja.

> *"Você não consegue ligar os pontos olhando pra frente; você só consegue ligá-los olhando pra trás. Então você tem que confiar que os pontos se ligarão algum dia no futuro. Você tem que confiar em algo - seu instinto, destino, vida, carma, o que for. Esta abordagem nunca me desapontou, e fez toda diferença na minha vida."*
> *- Steve Jobs*

Naquele momento, eu não só aceitei como também soube que não teria mais os meus estudos custeados pelos meus pais, afinal, não daria mais para ficar pagando um curso que eu não tinha certeza se continuaria. O jeito era estudar para passar em uma Federal. "Eu vou passar, eu sei que sou capaz", foi o que respondi.

Notas da Laari

O navio, muitas vezes, não vai seguir a linha exatamente projetada, pois nem sempre encontra águas calmas, e muitas vezes será preciso fazer algumas paradas. Contudo, por mais desconfortável que seja, essas mudanças de rota fortalecerão a sua navegação. Então, assim como essa navegação, independentemente do momento que você está atravessando, confie que isso vai te ajudar a evoluir e a chegar no destino final mais forte e mais maduro e experiente.

Eu vou conciliar os dois, o cursinho e o meu trabalho no Instagram, e vai dar certo, pensei. Só que eu tinha muitas dúvidas ainda. *Alguém vai ter que me gerenciar? Eu vou ter que pagar uma agência para me lançar? Ou eu mesma que crio o Instagram, será que vai dar certo?*

"Dúvida é o oposto da confiança. Quando você duvida, não está confiando no Universo; não está confiando em como ele pode te ajudar a chegar lá."

Foi nesse momento que eu entendi que deveria confiar. Em vez de focar na dúvida, comecei a focar que ia dar certo. Fui a uma agência para ver quanto eles cobravam e era muito caro, e naquela época eu não poderia pagar por aquilo. *Será que eu espero?*, pensei, mas foi então que entendi que o momento certo nunca iria chegar.

"O momento certo nunca vai chegar. Então comece agora, com as condições que você tem."

Quem espera a hora certa ou o momento ideal acaba descobrindo que esse dia nunca chega. Você tem que criar a hora certa.

Eu poderia dar uma desculpa: "Ah não, deixa pro ano que vem para criar o meu Instagram, não é o momento certo". Eu poderia criar vários empecilhos, dizer para mim mesma que não tinha dinheiro para investir no momento, mas foi ali que eu pensei: "Eu vou começar nas condições que tenho agora".

Notas da Laari

Hora certa não existe. Momento certo não existe. Você que cria a hora certa. Você pode dar os primeiros passos com as condições que tem. E aquilo que você tem é mais do que suficiente. Se você ficar sempre com aquele pensamento de que você precisa de mais, que falta algo, você nunca vai fazer nada. Então crie você a hora perfeita, conforme o que você tem nesse momento. E acredite: o que você tem nesse momento é suficiente.

Compreendi que o que eu tinha era, sim, suficiente e foi ali que comecei a confiar. Então eu fui para o cursinho, mas, ao mesmo tempo, criei a conta no Instagram – ali que nasceu a conta @laarimichelin. Quando eu criei a conta, não tinha "lari" com um A disponível, só com dois, o que foi muito bom, pois hoje, por ser a única com 2 A, é só digitar em alguma busca que já aparece o meu nome inteiro. Assim, comecei a compartilhar as receitas, treinos, frases motivacionais e participar de desafios. O pontapé inicial para eu ter criado o Insta foi quando vi um desafio de uma blogueira que falou que tinha que criar uma conta porque ela tinha que acompanhar as pessoas, então eu falei: "É o sinal". *Nossa, eu quero participar desse desafio*, pensei, daí eu vi no final da legenda: "Mas você precisa ter uma conta no Instagram para..." e eu pensei: *Putz, é um sinal.* E foi aí que eu decidi abandonar a procrastinação e sair do conforto de uma vez por todas.

"Sinais do Universo: 'não os ignore'. É desconfortável? É. Muitas vezes você tem que tomar algumas atitudes, mas você precisa confiar e começar a observar os sinais que estão no seu caminho, e muitas vezes eles estão ali para te ajudar a agir, para te fazer chegar lá."

Então eu confiei: *Bom, deve ser o sinal que eu estava esperando.* Eu estava com essa ideia, daí criei a conta e comecei a compartilhar. Mas, junto a essa criação, veio o medo. Algumas pessoas começaram a me seguir, alguns amigos, e eu comecei a bloqueá-los... eu tinha ainda muito **medo do julgamento**, muito medo das críticas, tinha insegurança. Pensei: *O que eu sou perto dessas pessoas?* E, de fato, isso às vezes me travava. Então, eu comecei a bloquear todo mundo até que pensei: *Deixa. Agora eu vou*

assumir. Agora já passou aquela angústia mais inicial. Então eu assumi mesmo e comecei a fazer.

No entanto, o que veio em seguida foi bem desafiador. Voltei para o cursinho enquanto a minha irmã já cursava Direito; e, ao mesmo tempo que comecei a emergir, também iniciei uma imersão de autoconhecimento, ou seja, eu comecei a aprender a meditar, iniciei estudos sobre Atenção Plena, e assim passei a acordar todos os dias e meditar. Comecei a acreditar cada vez mais que tudo seria possível, e isso me fez criar mais resiliência, mais força dentro de mim. Eu fazia o cursinho de manhã, depois eu ia para a academia, estudava a tarde inteira. Só que nessa época dava sempre um tempinho, né? Fazia as receitas, tirava foto dos pratos, incentivava a vida saudável através das legendas. Aí eu comecei a editar vídeos, gravar vídeos de treino, querendo incentivar as pessoas ali do meu jeito, criar conteúdo. E ali, de fato, eu comecei a agir.

"Se chegou até aqui, até vinte mil seguidores, VAI MAIS!"

Nunca vou esquecer do dia em que eu já tinha começado com o meu Instagram e percebi que o crescimento começou a acontecer de forma instantânea, principalmente porque no início eu ainda tinha muita vergonha e aquele medo do julgamento. Eu me preocupava com o que as pessoas iriam falar de mim, ficava com medo de me descobrirem.

Quando eu realmente comecei a perder esse medo, o Instagram começou a crescer, começou a ter mais gente, e eu ainda conciliava meu trabalho na rede social com as aulas do cursinho, pois eu estava determinada a passar na faculdade sem deixar de realmente ir atrás do meu sonho. Na minha cabeça eu iria ter que pagar agência, eu iria ter que investir muito dinheiro para fazer crescer, mas quando vi que estava conseguindo fazer isso no orgânico, ou seja, simplesmente eu ali, falei comigo mesma: "Se chegou até aqui, até vinte mil seguidores, vai mais". E aí começou a ir mais! Vinte mil seguidores, trinta mil, cinquenta mil, cem mil... o Instagram foi crescendo absurdamente rápido. A cada conquista eu tirava uma foto diferente.

Quem vive com medo da crítica, ou quem vive com medo do que o outro vai pensar nunca faz nada. Então, quando me dei conta disso, pensei: *Meu, eu vou fazer, não adianta eu ficar com medo do que os outros estão falando.*

"Vão te julgar igual, então seja você!"

laarimichelin
50K

laarimichelin
Porto Alegre
100 mil 💚 OBRIGADA!!!

laarimichelin
Obrigada!!

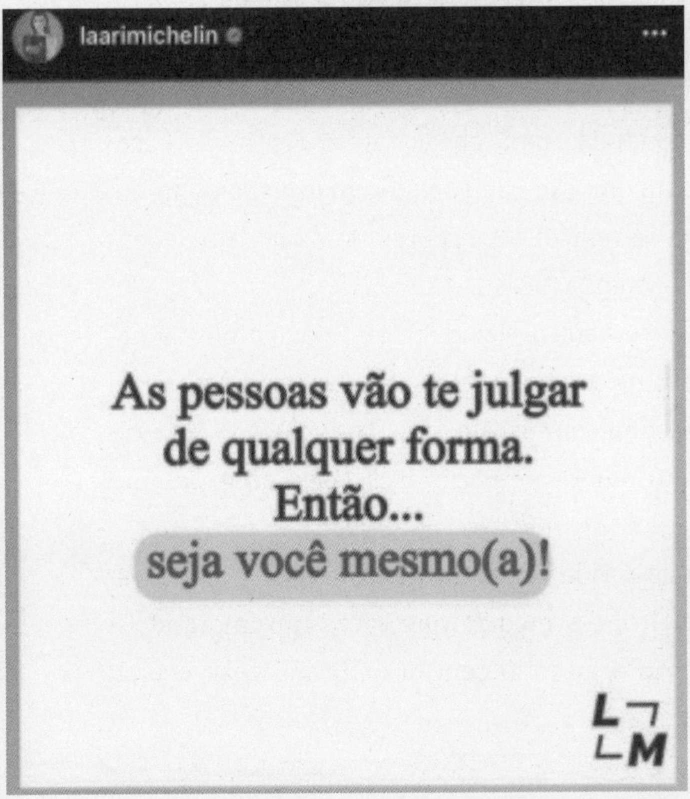
laarimichelin
As pessoas vão te julgar
de qualquer forma.
Então...
seja você mesmo(a)!

Notas da Laari

Deu medo? Vai com medo mesmo e faça! Mesmo com medo do julgamento, você deve enfrentar; mesmo com medo do que o outro irá pensar de você, é melhor você ir lá e fazer e a pessoa pensar o que quiser, do que você ficar paralisado com aquele pensamento de "nossa, devia ter feito isso" para o resto da vida.

Mesmo com todas as adversidades, como sair da zona de conforto da faculdade paga para enfrentar uma cidade desconhecida sozinha, sem família ou amigos por perto, enfrentar longas horas de condução para chegar até o centro de Porto Alegre para fazer um cursinho e não tendo mais nada definido, lidar com a parada de remédios tarja preta dos quais fui dependente por três anos, eu não desisti.

Muita gente fica travada uma vida inteira por simplesmente temer aquilo que ela nem sabe se vai ou não dar certo. Mas é nas tempestades que acontecem em nossa vida que nós evoluímos ainda mais e nos tornamos bons capitães, navegando sempre em direção à conquista do que queremos.

Ao longo da nossa vida nós vamos construindo a nós mesmos como um veleiro, e à medida que vamos aprimorando a nossa autopercepção e fazendo com que a crítica não exerça mais tanto poder sobre nós, nos tornamos cada vez mais fortes, mais resistentes e, em vez de imergir, aprendemos a NAVEGAR no oceano da vida. A gente não naufraga mais quando nossa própria embarcação está forte o suficiente.

* * *

Cheguei em um momento em que estava superdisciplinada. Havia lido o *Atenção plena*, o meu primeiro livro sobre meditação, do Mike Williams. Então comecei a criar hábitos poderosos, como o de acordar e já meditar, seguindo uma rotina em que comecei a me sentir melhor. Hoje, o que mais vemos são pessoas com uma autoestima muito baixa, o que consequentemente as leva a viver um ciclo de falta de autocuidado. Mas quando começamos a cuidar da gente, um hábito positivo vai influenciando outro e, quando percebemos, ficamos mais felizes por vermos que estamos fazendo algo novo e que estamos crescendo, mesmo que em pequenas coisinhas diferentes no dia a dia.

Quantas vezes você já não se sentiu péssimo por não fazer alguma coisa? "Ah, eu não fiz nada no dia. Procrastinei." Chega a dar até aquele mal-estar. Mas é aqui que precisamos tomar cuidado, pois quando não nos sentimos bem tendemos a procrastinar e daí ficamos pior ainda, e acabamos caindo em um ciclo vicioso. Em contrapartida, se você começa a ter pequenas mudanças de hábito e fortalecer isso, vai se sentindo melhor e uma coisa vai levando à outra. Eu comecei a me sentir melhor, mais motivada, mais disciplinada. E não era sempre assim. Motivação é movimento externo, que vai e vem. Mas eu tinha um segredinho que me ajudava, que funcionava para mim como uma âncora: mesmo em dias de desmotivação, eu me agarrava na sensação de bem-estar que eu sentiria depois de fazer aquilo a que tinha me proposto. Eu já visualizava a sensação que eu teria depois de ter feito aquele treino intenso, lembrava da sensação boa ao concluir uma tarefa que me tirasse do conforto, como ler livro, fazer lista de exercícios de vestibular etc. E assim, além de ir colhendo frutos dia após dia, passei também a valorizá-los

mais. Passei a me parabenizar pelos avanços nos treinos, pela evolução no ganho de massa, pela disciplina da alimentação e dos treinos. Sempre compartilhando no Instagram as minhas vivências e ao mesmo tempo inspirando os meus seguidores.

"Agora eu vou até o fim e vou fazer acontecer!"

Notas da Laari

"A motivação vai e vem. Mesmo que a motivação seja boa, não dependa exclusivamente dela. O ideal é que você faça o que tem que ser feito. Que você aposte na disciplina, porque nem sempre você vai estar motivado; se você depender sempre da motivação, não vai alcançar o seu objetivo."

Certo dia eu tinha brigado com a minha irmã, estava bem mal, chorando, e, de repente, meu pai me ligou. Mesmo sem eu falar nada, ele sentiu que eu estava mal e falou: "Ah, se você quiser desistir, voltar aqui pra Caxias para a casa dos seus pais, sabe que terá meu apoio...".

"Não, agora eu vou até o fim!", falei. "Vou até o fim e vou fazer acontecer." Nesse dia, quando desliguei o telefone, lembro-me de que comecei a chorar muito, porque eu não queria demonstrar fraqueza para o meu pai. Queria apenas mostrar que eu era capaz e que iria conseguir. Mesmo ainda aos prantos, resolvi abrir meu e-mail e foi naquela hora que descobri que havia recebido uma proposta de parceria, a primeira proposta de parceria com uma empresa pelo Instagram, a Glúten Free Box, que foi minha parceria por um bom tempo. Comemorei demais e o choro agora era diferente, porque para mim aquela proposta era um sinal, um sinal do tipo "*continua, vai dar certo*"; e interpretei isso muito como um sinal mesmo, um sinal do Universo, um sinal de Deus, de que iria dar certo. E de que estava sendo um momento muito difícil, mas, como se diz: "É na tempestade que se fazem bons marinheiros".

"Foi naquela tempestade que eu me determinei: vou evoluir, vou me tornar uma boa marinheira e não vou parar até conquistar o que eu quero."

O alívio ao ver aquela proposta de parceria foi enorme, porque eu já estava há pelo menos quatro meses me esforçando para fazer crescer o meu Instagram. Todos os dias eu dedicava parte do meu tempo para treinar, para preparar pratos e tirar fotos, gravar meu treino, gravar receita; era uma dedicação realmente, fazia um bom trabalho e não tinha nenhum retorno financeiro. Então, receber a minha primeira proposta de parceria foi a redenção. O negócio em si era uma permuta em que eu ganharia produtos sem glúten, mas naquele momento já era muito para mim, pois era um sinal de reconhecimento. Nessa mesma época, minha irmã também passou a reconhecer meu trabalho, pois inicialmente ela colocava certa dúvida sobre o que eu estava fazendo. Então aos poucos começou a me apoiar, do jeitinho dela, mas começou.

As pessoas que estavam ao redor, como a minha irmã e os meus pais, começaram a ficar surpresas com meus resultados na internet. Aquela proposta de permuta foi apenas a primeira, mas depois teve a segunda, a terceira, e então foi um ano em que eu comecei a ter muita parceria. Meus pais viram que empresas estavam me procurando, e isso me deu ainda mais cer-

teza de que eu estava de fato no caminho certo. O Instagram foi crescendo ao longo daquele ano e foi bem nesse período que eu li o livro *O Segredo*.

Eu acompanhava alguns influenciadores pelas redes sociais e certo dia vi um Snapchat em que falaram sobre o livro *O Segredo* e o poder do pensamento. Eu não entendia nada disso, e para mim estavam falando grego, mesmo assim resolvi ler esse livro e assistir ao documentário.* Tudo o que aconteceu depois pareceu surreal.

---

* Originalmente lançado em 2006, o documentário *O Segredo* está disponível na plataforma de streaming Netflix. (N.E.)

Lembro como se fosse ontem de um sábado à noite em que me vi totalmente sozinha e sem amigos. Na época, minha irmã saía com os amigos dela em Porto Alegre e eu não tinha nenhum; ninguém me chamava para nada, e eu ficava muito mal com isso. Inclusive, eu já ficava apreensiva quando o sábado ia chegando, pois seria mais um final de semana em que eu não faria nada e ficaria sozinha naquele apartamento pequeno. Também não sentia vontade de voltar para casa com receio de me sentir pressionada pelos meus pais, pois eu ainda tinha um certo medo de uma simples pergunta como: “E aí, está dando certo?”.

Fiquei em casa naquele sábado chuvoso, preparei uma pipoca light no micro-ondas, abri o notebook e fui assistir ao tal documentário. No momento em que comecei a assistir já me arrepiei toda. *Meu Deus, era o que eu precisava assistir,* pensei; e senti que era aquilo que iria fazer total sentido e provocar uma mudança na minha vida naquele momento. Ainda não havia chegado na metade do filme, mas já tinha me identificado

com tudo. Era como se eu tivesse visualizado tudo acontecendo na minha vida naquele momento. Inclusive um sentimento veio muito forte. Senti que um dia eu estaria dando o meu depoimento sobre o documentário e levando o ensinamento para mais pessoas. Naquele instante, eu me dei conta de que teria que atravessar uma longa jornada pela frente; por outro lado, também sentia que tudo que eu fosse aplicar naquele momento realmente iria funcionar.

Algo me levou a assistir a esse documentário, e certamente essa experiência iria fazer muita diferença na minha vida. Fiquei muito impactada do início ao fim com tudo o que descobri naquele dia, tanto que registrei um dos meus momentos lendo o livro *O Segredo* e postei no Instagram.

* * *

Como você acabou de ver, o começo da minha história não foi nem um pouco fácil. Saí de uma depressão que me atingiu na adolescência, enfrentei a reprovação inicial da família por querer investir no meu sonho de me tornar influenciadora digital em vez de seguir carreira acadêmica, e tive que provar que era capaz de ser aprovada em uma universidade federal, estudar e trabalhar ao mesmo tempo, além de morar sozinha em uma cidade diferente, longe de casa, na escassez, sem amigos e contando apenas comigo mesma para que meus planos dessem certo.

Mas aqui, neste capítulo, é exatamente sobre isso que quero falar com você. Eu tenho certeza de que você não chegou até este livro por acaso. Se está aqui lendo sobre a minha jornada e desvendando como posso ajudar você a também conquistar a sua vida dos sonhos, é porque você também acredita que é possível.

Talvez você ainda não se sinta tão confiante ou preparado(a). É provável que já tenha desejado uma série de coisas na sua vida, mas não encontrou apoio na sua família ou entre seus amigos.

Porém, nada está perdido. De agora em diante, você vai aprender a dominar a sua mente, pois, ao encarar o oceano sem fim que é a vida, e que está toda aí bem diante de seus olhos, não será preciso temer quando os ventos não soprarem a seu favor. E sabe por quê? Porque de hoje em diante você assumirá o controle das suas ações, exercerá domínio sobre o que depende apenas de você e, à medida que avançar na leitura deste livro, saberá que, mesmo sendo necessário aceitar o que não está a seu favor, mesmo com os desafios que se apresentam em sua vida, é possível sempre melhorar a si próprio e traçar um novo curso da sua vida rumo ao sucesso.

Estar na proa do seu barco te coloca em uma condição muito desafiadora. Nela você vê o mar inteiro, sente o vento e começa a fazer os ajustes necessários para a navegação, de acordo com a realidade que se projeta diante dos seus olhos.

É hora de ajustar as velas, meu querido capitão, mas, para isso, você precisa garantir a resistência de uma peça fundamental do seu veleiro: o mastro. E o mastro é a sua mente!

DESAFIO da **LAARI**

Querido capitão, seu navio está em alto-mar e você está prestes a assumir a proa!

Primeiro, reflita e liste tudo que você acha que te impede de assumir a proa hoje. Seja sincero(a) com você mesmo(a). São seus medos? Sua família? O medo de dar errado? A procrastinação? Tome consciência e liste-os abaixo:

____

____

____

____

____

____

____

DESAFIO
da **LAARI**

DESAFIO da **LAARI**

Tire um momento para refletir em tudo que você escreveu na página anterior. Leia e releia quantas vezes forem necessárias. Os impeditivos que você listou são ondas fortes e tempestades, mas agora você assumirá a proa e precisará se tornar hábil para lidar com elas em vez de negá-las. Feito isso, você fará a sua primeira CARTA DE NAVEGAÇÃO. Preencha as lacunas e use os espaços em branco da folha para colocar tudo que você enxerga na sua embarcação. Lembre-se, agora é com você!

Eu, ______________________, estou em alto--mar. Eu me liberto de tudo que me impede de ir até a proa, me dirijo até ela e agora a navegação depende de mim.

A tempestade ____________________________ ____________________________ que enfrentei não me define, mas conta a minha história.

Da proa eu consigo enxergar o meu destino, que é ____________________________, e estou muito animado. Daqui consigo enxergar a abundância do oceano e confio no fluxo das águas.

Eu, ______________________, sou determinado(a) e direciono minha energia para os meus sonhos. A partir de agora me responsabilizo por minha navegação.

responsabilidade
protagonismo
protagonismo
confiança
responsabilidade
capitão

dade
mente
poder da

3 O MASTRO

Uma das partes mais importantes de um barco é *o mastro.* Pouco se fala sobre isso e eu entendo, afinal, o que movimenta mesmo um barco a velas são exatamente as velas. Mas o mastro, que é o local onde elas estão hasteadas, precisa ser forte e resistente o bastante para suportar o movimento constante que as velas farão. Está na hora de você conhecer o seu mastro, capitão. O seu mastro é a sua mente.

Para o Universo você é único.

"Você pode ter, fazer, ou ser o que quiser. O que você vê na sua mente é o que vai ter na mão."

Esses foram alguns dos maiores aprendizados que recebi quando descobri a lei da atração a partir de *O Segredo*. Percebi que não só a minha vida poderia mudar, e não só eu poderia atrair tudo aquilo que quisesse, mas foi naquele momento que eu me dei conta de que tudo que estava acontecendo de ruim na minha vida e que eu temia, de alguma forma, eu também atraía. E, apesar de parecer chocante, tudo que tememos nós também atraímos.

No meu caso, eu temia não ter amigos e estava atraindo exatamente isso na época do cursinho. Mas por que isso acontece? Simplesmente porque, quando tememos, nós vibramos na escassez, ou seja, na falta, e era assim que eu já me sentia, sozinha e sem amigos.

> *"Lei da atração é o poder do Universo que reúne energias semelhantes. Ou seja, você atrai para si aquilo que está compatível com o seu estado vibracional do momento, sejam pessoas, ideias, pensamentos, circunstâncias."*
> *– The Secret*

A lei da atração, como o próprio nome afirma, apregoa que nós atraímos para a nossa vida tudo aquilo que está compatível com a nossa vibração, com o nosso estado vibracional. Por isso que, quando você está vibrando escassez, emanando escassez, você atrai mais escassez, pois um dos princípios da lei da atração é o de que semelhante atrai semelhante, mesmo que você não queira isso para a sua vida.

O Segredo é... a lei da atração

Você atrai tudo aquilo que teme. Você atrai tudo aquilo pelo que agradece. Você atrai tudo aquilo em que foca a atenção. Você atrai tudo aquilo de que se queixa. Você atrai todas as suas experiências sem se dar conta, pelo maravilhoso poder da sua mente, que funciona ininterruptamente.

Por algum tempo, isso era o que estava acontecendo comigo. Eu temia a falta de amigos, vibrava na falta e assim atraía mais falta. Eu emanava a escassez da falta de dinheiro, e, consequentemente, ficava ainda mais sem dinheiro. Então foi nesse momento que eu me dei conta: "Poxa, é verdade... tudo o que está acontecendo na minha vida eu mesma atraí". O que eu mantinha em minha mente eram pensamentos ruins, pensamentos de incapacidade, de vitimismo, de falta... e, consequentemente, minha realidade estava sendo um reflexo disso. Minha mente estava criando a minha realidade.

> *"Sua mente tem o poder de fabricar a realidade. O que você pensa, você sente, o que você sente, você vibra, o que você vibra, você atrai para si. Somos seres vibracionais que interagem com o Universo."*
> *– The Secret*

Até acne eu já atraí para mim mesma! Lembro que lá pelos meus dez anos eu não tinha nenhuma espinha, mas minhas amigas da escola, sim. Naquela época, eu achava legal porque era sinal de puberdade, de adolescência. E aí eu me olhava e não tinha, então ficava frustrada com isso, e pensava: *Meu Deus, quero muito ter espinha*! Às vezes, eu tentava até mesmo falsificar uma espinha para também sentir que estava crescendo, evoluindo como as outras garotas.

Quando penso nesse momento, nem acredito, mas realmente chegamos muitas vezes a pedir coisas para o Universo que, na realidade, não queremos. E lá fiquei eu, depois de praticar a lei da atração (mesmo sem saber até então o que era), cheia de espinhas e passando a temê-las também, pois chegou uma hora que, quanto mais eu tinha medo de ter espinhas, mais elas apareciam. Quanto mais foco eu direcionava a elas, mais elas pareciam preencher o meu rosto.

Nesse exemplo, não só a lei da atração foi colocada em prática de uma maneira que não me favoreceu, como também há outro ponto que preciso ressaltar, que é o fato de que tudo em que nós focamos expande. Naquele momento, eu só pensava que tinham aparecido as espinhas, aquelas que eu tanto quis, mas depois percebi que não queria mais. Passei a ter medo delas e daí foquei em me livrar delas. Porém, isso foi o suficiente para que se multiplicassem, pois a regra é clara: **TUDO EM QUE VOCÊ FOCA EXPANDE.**

Sabe quando alguém fala para você de um carro, por exemplo, de uma Mercedes vermelha, então de repente você começa a ver Mercedes vermelhas por tudo quanto é lugar? Isso acontece porque o seu foco foi para a Mercedes. Ou então a mulher que engravida e passa a ver mulheres grávidas em todo lugar? O número de Mercedes e de mulheres grávidas não aumentou. Mas, como o foco da pessoa estava nisso, ela teve a sensação de que surgiram mais. **Porém, cuidado... o mesmo acontece para problemas e preocupação.**

Tudo em que você foca expande; então, se você foca em preocupação, é isso que voltará a você, mais situações e pessoas que tragam preocupação a você. Se sua mente está repleta de preocupações, você tem a ilusão de que vive com esse sentimento de preocupação e de que todas as situações te levam a ela e fazem aumentar isso na sua vida. Não tem como atrair situações positivas quando a mente está focada em preocupação. O segredo é inverter a polaridade da sua mente.

FENÔMENO BAADER-MEINHOF

Esse fenômeno acontece quando sua consciência de algo aumenta e te dá a ilusão de que a informação na qual a sua mente está focada está presente em mais lugares e situações. Essa nova informação, que você vê de repente em todo lugar, não apareceu do nada, ela sempre esteve lá. O que acontece é que, antes, ela não era importante para você; portanto, seu cérebro a ignorava. No entanto, agora que você se deu conta disso, sua mente começa a considerá-la "relevante" e você consegue vê-la. Isso aconteceu em outras áreas da minha vida também.

Quando, por exemplo, eu estava focada no fitness e na minha transformação corporal, encontrava mais pessoas focadas no mesmo estilo de vida, eu via mais comidas saudáveis, eventos da área da saúde... O fitness passou a ser muito relevante para mim, então comecei a ver mais situações relacionadas a ele.

A boa notícia é que isso serve para objetivos que você deseja alcançar. Quando você coloca foco total naquilo que deseja, acaba encontrando o caminho que te levará lá, pois passa a perceber as oportunidades que estão ao seu redor e que se relacionam com o seu desejo, as quais antes você não percebia. As oportunidades sempre estiveram aí. No entanto, quando sua mente está dispersa, ela não consegue enxergar. Já quando a mente está focada, como explica o fenômeno Baader-Meinhof, você percebe mais as informações ao seu redor e a energia flui em direção à realização do desejo.

Quando tomei consciência de que tudo o que acontecia comigo na realidade era eu quem atraía, tudo passou a fazer sentido, e daquele momento em diante meu pensamento foi: *Eu vou começar a aplicar isso na minha vida! Porque o meu pensamento cria a minha realidade.*

O processo se deu bem aos poucos, pois foi ocorrendo em conjunto com uma fase de amadurecimento. No entanto, quando o ano de 2017 chegou, passei a efetivamente aplicar a lei da atração. Primeiro foi para passar na UFRGS. Comecei a visualizar o meu nome na lista, passei já a pensar que tudo iria dar certo, aplicando o pensamento positivo. Toda vez que eu ia estudar, fechava os olhos e criava o teatro mental em que eu estava abrindo o site para conferir meu nome no listão, vendo o nome lá e então comemorando e ligando pros meus pais e irmã para avisar que eu havia passado. Então chegou o dia da prova, e fui confiante e determinada.

Eu criei a cena ideal no meu pensamento, gerei a emoção na hora que acreditei no pensamento, vibrei e agi. Minhas ações foram guiadas para concretizar o que coloquei em meu pensamento, o que não aconteceria se eu tivesse sido negativa e pensado que não era capaz. Provavelmente eu iria chegar cabisbaixa na hora da prova e me sabotar, não conseguindo me concentrar na hora dos cálculos e marcando as questões erradas. É isso que acontece com a maioria das pessoas. O pensamento guia o sentimento que guia a ação. Quando você não acredita que é capaz, inconscientemente quer confirmar, por meio das suas ações, que está certo: que você não é capaz. O cérebro humano odeia estar errado; então, mesmo que não se dê conta, você falha por ter implementado aquela ideia inicial na sua mente.

A boa notícia é que você pode aplicar o inverso. Colocar em sua mente que você é capaz, sentir-se capaz e confiante e agir em direção a isso, conquistando o resultado esperado.

E foi o que aconteceu… eu passei! Em quarto lugar. Tirei 960 na redação do Enem. Não foi tanta novidade quando vi o resultado, pois eu tinha certeza de que iria passar, estava confiante e visualizei toda a cena com detalhes.

CENA MENTAL

Chamado também de ensaio mental, é um dos recursos poderosos para potencializar a lei da atração na sua vida. Consiste na criação de um cenário que você deseja que aconteça, por meio da sua imaginação. No momento em que você imagina o que deseja, os circuitos no seu cérebro começam a se reorganizar para refletir seus objetivos.

Há pesquisas que mostram pessoas ensaiando, apenas mentalmente, exercícios de piano duas horas por dia, cinco vezes por semana. Nunca tocando nas teclas do piano. Eles demonstraram quase as mesmas mudanças no cérebro que as pessoas que fizeram os exercícios, pela mesma quantidade de tempo, utilizando as teclas do piano.

Esse experimento mostra que o cérebro não faz distinção entre o real e o imaginário.

Ou seja, os nossos pensamentos podem tornar-se a nossa experiência, a nossa realidade!

E isso você pode fazer não só para situações como alguma prova, vestibular, concurso, vaga de emprego. Você pode fazer para situações cotidianas.

No momento em que você imagina as situações que terá de enfrentar durante o dia e como se sairia em cada uma delas, você cria um PADRÃO DE COMPORTAMENTO. Quando a situação que você imaginou chega, você tem a oportunidade de colocar em prática o que tinha "ensaiado". A memória entra em ação, e o comportamento e o sentimento ensaiados antes entram na mente como se fossem um lembrete. Assim, basta seguir com o que foi ensaiado.

Depois disso, fui a uma entrevista para estagiar em uma academia em que eu queria muito entrar, pois sentia de certa forma uma pressão dos meus pais, da minha irmã, então queria começar a ganhar o meu próprio dinheiro.

Eu não só mentalizava de modo que atraísse essa vaga para mim, como também passei a encenar na minha mente eu passando na entrevista, sendo chamada para ir trabalhar lá. Em outras palavras, eu já praticava o **ensaio mental** muito antes de me aprofundar no seu conceito.

"Larissa, você foi aprovada." Foi praticamente assim que no dia seguinte a academia me chamou! Lembro que eu comemorei muito, pois para mim foi uma grande conquista. Fiquei impressionada como a lei da atração havia agido a meu favor tão rápido, mostrando que esse poder funciona, e funciona muito. Então, foi a partir daí que realmente comecei a colocar tudo o que sabia sobre lei da atração em prática, comecei a ver e consumir cada vez mais conteúdo sobre o assunto.

Autoescola

O ensaio mental é realmente uma das ferramentas mais poderosas quando se trata de realizarmos nossos sonhos. Agora, o que eu não sabia é que o ensaio mental funcionava não só para o positivo, mas também para o negativo.

Cheguei a rodar cinco vezes na prova da autoescola. Foi um pesadelo.

Mas por que eu rodei?

Nas primeiras vezes em que fui fazer a prova, eu já estava temendo não passar, e, de forma involuntária, passava na minha tela mental a cena de eu rodando. Eu não queria que passasse, mas acabava acontecendo toda vez. É como se você estivesse imaginando ou visualizando situações ainda que de forma não intencional. Quem nunca passou pela situação de, do nada, imaginar ser assaltado na rua, rodar na prova, ou de alguma coisa dar errado?

Muitas vezes, a gente cria situações exatamente daquilo que a gente não quer na nossa mente. E foi isso que eu compreendi, que, da primeira vez que rodei, criei a cena minha rodando. Eu pensei, nossa, *imagina se...*, e pronto! Lá estava eu vendo o cara me reprovando. E só de ter passado por aquilo eu ficava ainda mais nervosa para a vez seguinte, afinal eu havia rodado na primeira e cheguei na segunda já pensando, *imagina se eu rodo de novo, sou reprovada de novo*! E criava a cena do cara indo me reprovar. E na terceira a mesma coisa. O que aconteceu nesse momento? Algo muito claro: eu criava esse ensaio mental, e na hora ele me trazia esse nervosismo, essa ansiedade, e minhas ações eram guiadas para confirmar isso. Basicamente, eu estava fazendo uma autossabotagem a cada vez que repetia o exame. Eu estava lá dirigindo e de repente fazia alguma coisa equivocada, como esquecer de ligar o pisca. Por quê? Porque minha mente estava focada na reprovação! Eu criei um ensaio mental da reprovação.

Chega a terceira vez, a quarta vez, e àquela altura eu já entendia que eu podia aplicar a lei da atração e imaginar eu passando. Só que ali eu comecei a falhar. Por quê? É ali que muita gente falha também. Apesar de na minha mente consciente estarem imagens e cenas de eu sendo aprovada, porque eu comecei a aplicar de forma consciente, eu já estava com aquela dúvida. Será mesmo que eu vou passar? Eu já estava, na mente inconsciente, com aquela sensação de dúvida e de insegurança devido às outras provas. E isso acontece com você também quando acha que está mentalizando que vai passar em uma prova, que vai se sair bem, que vai atrair alguma coisa, mas na sua mente inconsciente já estão crenças que te limitam ou até mesmo cenas que você está criando involuntariamente, porque ainda não tem domínio dos pensamentos, você ainda não domina sua mente. Por isso, afirmo que o ensaio mental também acontece para o negativo.

Agora vocês devem estar torcendo para que nessa vez eu tenha passado, né!? Mas, antes que isso acontecesse, lembro que o que me trouxe mais nervosismo ainda foi um dia que a minha mãe, enquanto nos despedíamos, disse: "Boa sorte e vê se passa dessa vez". Aquela já era a quarta vez, e aquela frase despertou a vozinha negativa na minha cabeça, fazendo com que eu me sabotasse mais uma vez. Lembro que, quando eu cheguei no lugar, era um examinador que estava literalmente passando todo mundo, e ele era muito querido. Claro que às vezes tem examinador mais bravo, outros mais tranquilos, e eu achei que esse ia me passar. Estava tranquila, *esse vai dar certo*, pensei. Contudo, chegando na hora de ir, eu não sei o que aconteceu, mas acabei ultrapassando os 4 minutos na baliza. Ele então me mandou sair do carro e não teve como me ajudar, e eu só chorei muito nesse dia. Pensei, *caramba, nem com um examinador tão de boa como ele...*

Apesar de todo o nervosismo acumulado com as tentativas frustradas, eu dei um tempo para voltar a ter domínio dos meus pensamentos, e lembro que na quinta vez eu mentalizei, criei várias cenas, e falei: "Dessa vez vai! Dá pra passar!". Ensaiei várias vezes como se eu tivesse sido aprovada. Não era um ensaio em que eu dirigia, porque dirigir eu já sabia, eu já havia treinado, feito diversas aulas, eu sabia de cor, o pisca, o sinal... Os erros que eu havia cometido nas provas, como em uma das vezes que eu passei no sinal vermelho, rs – olha como eu ficava nervosa –, eu sentia que não iria cometer mais. Lembro que, da última vez, eu fechava os olhos e criava todo o teatro mental, como se o examinador estivesse na minha frente e tivesse falado: “Você foi aprovada”. E eu fazia: “Uhuulll!!!”, e comemorava, “Yes! Passei!!!”. Eu fiz isso várias vezes e naquele dia eu fui com muito mais confiança. Por ter feito tantas vezes e ter realmente acreditado, sabendo que eu sabia tudo da prova, daquela vez eu fui realmente preparada. E aí não deu outra, chegando lá quase que eu reprovei de novo, porque na hora de estacionar na parte final eu quase subi no cordão da rua, mas por pouco, rs, e aí eu saí do carro. Quando o examinador me deu o certificado de “aprovada”, corri e dei um abraço nele de tanta emoção: “Meu Deus do céu! Obrigada!!! Você não sabe como eu estou feliz”.

Lembro como se fosse ontem, falei: “Mãe, passei, passei!”. Foi uma sensação muito boa. Se alguém me perguntar aqui uma das minhas maiores conquistas, foi essa. Não é um milhão de seguidores nas redes sociais ou a independência financeira, mas sim essa conquista da autoescola, pois ela está muito ligada aos fracassos que tive antes. Quando temos a sensação de vitória de algo que estava vinculado aos fracassos que vieram antes, a sensação de ter mais valor é insuperável.

Nossas vitórias, por menores que pareçam ser, são como reforços para os nossos mastros. Quando fortalecemos nossa mente, seja para passar em uma prova ou para tomar a coragem de sair daquele emprego que já não combina mais com a gente, tornamos nosso mastro forte e firme para enfrentar as tempestades que virão. Use as suas vitórias como reforços!

A essa altura você entendeu que o mastro, que é a sua mente, precisa estar forte para sustentar as velas, certo? Foque-se no Desafio da Laari e vá se preparando aos poucos, pois logo mais você descobrirá o que são as velas.

DESAFIO da **LAARI**

DESAFIO da **LAARI**

Vamos testar a resistência do seu mastro, marinheiro?

Nas linhas abaixo, você escreverá como gostaria que fosse a sua realidade ideal. Seja MINUCIOSO nos detalhes. Sem limites para sonhar. Pense agora que você vive em um mundo de infinitas possibilidades e pode ser, fazer e ter tudo o que desejar. Sem julgamentos. Apenas escreva.

DESAFIO da **LAARI**

Agora você lerá e sentirá como se tudo que você escreveu JÁ FOSSE REAL.

Afirme com convicção: JÁ É REAL! E sinta a emoção.

Já é real

Nas linhas abaixo, você escreverá como se sentiu, lembrando sempre que a sua mente é quem define a sua realidade e está nas suas mãos a tarefa de construir um mastro forte e resistente.

____

____

____

____

____

____

Agora, complete a frase:

Eu, ______________________________, sei que um mastro resistente é fundamental para uma boa navegabilidade do meu barco. Por isso, me comprometo a construir um mastro forte, resistente e resiliente. Eu sou o capitão da minha vida e tenho um barco firme e capaz de lidar com tempestades.

poder
mente

pensamentos
positividade
pensamentos
gratidão
gratidão
positividade
gratidão
gratidão

4 AS VELAS

"Você não pode ajustar o vento, mas pode ajustar as velas a favor dele."

O vento não está sob seu controle, marinheiro, mas as velas, sim! E é aqui que eu quero que você entenda, assim como eu entendi, que o que controlava a minha vida não era o vento, e sim as velas do meu barco, que eram os meus pensamentos, meus sentimentos e todas as ferramentas que eu poderia usar para ajustá-los. No decorrer deste capítulo, reuni algumas que foram muito importantes para mim, como as crenças fortalecedoras, as palavras de afirmação e a gratidão. Você vai amar ajustar as suas velas, marujo. Vamos?

Crenças limitantes x crenças fortalecedoras

Apesar de todos estarmos sujeitos a pensamentos negativos, saiba que sempre podemos substituí-los por pensamentos novos e melhores. Todos esses pensamentos vêm depois da crença. Muitas pessoas acham que o que vem primeiro é o pensamento, mas o que antecede tudo é o seu sistema de crenças, ou seja, tudo o que você acredita ser verdade. E é por isso que substituir as crenças que te limitam por crenças que te fortaleçam é uma ferramenta muito eficaz para que suas velas, que são os seus pensamentos, sejam transformadas e, dessa forma, a sua realidade siga também o mesmo fluxo.

> Crença é tudo o que você acredita ser verdade sobre o mundo, elas são como lentes de contato. A partir da crença que você está usando, da lente de contato que você mantém em seus olhos, você vê o mundo de determinada maneira e passa a agir em congruência com essa lente.

O problema é quando você está cercado de crenças limitantes que restringem os seus resultados. As crenças limitantes costumam se formar na infância até os sete anos de idade, pois a mente da criança absorve tudo aquilo com que ela entra em contato, tal qual uma esponja.

Agora, imagina se ela escuta que é incapaz, burra e atrapalhada? Você acha que ela vai se tornar um adulto autoconfiante? E se ela escuta que é difícil ser rico, que dinheiro é sujo, que dinheiro não cai do céu, que dinheiro não traz felicidade, que são as crenças mais comuns sobre dinheiro? Como ela vai lidar com o dinheiro quando crescer, vai atrair ou repelir? Ou ainda, se ouvir que homens traem, que são todos iguais, e que não se deve confiar neles? A imagem plantada na sua cabeça será favorável na construção de um relacionamento? Enfim, todas essas crenças de que a vida é difícil, é dura e de que nada vem com facilidade e leveza a farão crescer acreditando nisso. E todas essas crenças vão limitar os seus resultados, por isso são chamadas de "crenças limitantes".

Todas as crenças que refletem que é muito difícil ganhar dinheiro vão fazer a pessoa crescer acreditando nisso; desse modo, ela não vê as oportunidades que teria para fazer dinheiro, e não consegue ver porque tem a crença de que é difícil. Então, tudo o que ela consegue ver é de acordo com aquilo em que acredita. Se ela realmente acredita, no fundo, que não vai conseguir, que é difícil ganhar dinheiro, a oportunidade para ganhar dinheiro pode estar na frente dela, mas ela não vai ver porque acredita em outra coisa. Então, o ideal é refazer essas crenças e quebrar as crenças limitantes e substituí-las por crenças fortalecedoras.

Não importa o quanto você tenha ouvido crenças negativas ao longo da vida, você tem o poder de refazê-las agora. Você tem a opção de quebrar agora e mudar. Claro, existem diversos métodos para isso, mas um dos grandes segredos é você repetir.

Se uma crença limitante é formada por alto impacto emocional ou repetição, você tem o poder de inserir uma crença fortalecedora também por repetição. Então, repita, não importa quantas vezes forem necessárias, que você é capaz, que ganhar dinheiro é fácil, que você tem a capacidade sim de mudar o seu corpo. Tudo isso vai ajudar você a atingir aquilo que deseja.

Então, é bastante provável que muitos pensamentos que você tem hoje estejam ligados a discursos ouvidos na infância, e que acabam, muitas vezes, te fazendo duvidar da sua capacidade. Ao longo do meu desenvolvimento pessoal, fui descobrindo muitas crenças que eu tinha. Quando era criança, muitas vezes o que impedia que eu mudasse meu corpo eram as crenças de que eu era daquele jeito por causa da minha genética, de que só dava para ganhar massa muscular tomando bomba porque era muito difícil alcançar esse resultado somente com treino e dieta, então tudo isso impactava nas minhas ações, ou seja, eu parava o exercício antes, não explorava o meu máximo porque, afinal, se é difícil, se é só quem toma bomba que ganha massa muscular, então é como se a mente inconsciente estivesse te dizendo: "Desiste!". Essa vozinha vivia me dizendo: "Desiste, afinal é só quem toma bomba, é só quem tem genética boa que vai conseguir". Da mesma forma, a pessoa que tenta emagrecer só que também tem a crença de que é sua genética, de que dieta é sacrifício, de que academia é chato, acaba se sabotando ao longo do caminho. Mesmo que ela comece a se alimentar bem, uma hora vem essa vozinha novamente para contar mentiras: "Olha, desiste. Isso não é para você. É chato! E essa é sua genética". Logo, essa pessoa que também estava indo na academia se exercitar acaba desistindo por causa dessas crenças limitantes.

Entretanto, quando eu tomei consciência dessas crenças e comecei a questioná-las, as coisas começaram a mudar. Entendi que era possível sim ganhar massa muscular sem tomar hormônios e que minha genética também não iria impedir. Conforme eu fui rompendo as crenças limitantes e inserindo crenças fortalecedoras, minhas ações foram impactadas e assim eu fui ganhando mais força na academia, mais foco na alimentação e mais determinação para persistir. Afinal, o resultado começou a tornar possível em minha mente, agora a missão era trazer para o plano físico.

No início é desafiador, pois toda vez que você tentar afirmar o contrário vai vir uma vozinha chata, a qual chamo de Magda, repetindo o que já está instalado em sua mente. Para a sua mente é muito mais fácil manter toda informação que você já conhece e já está acostumado a ouvir do que inserir uma nova. Por isso, toda vez que a Magda falar algo e te desanimar, você deve ser mais forte e falar que você é capaz.

"Cala boca Magda! Eu posso, eu sou capaz!"

Foi o que fiz na minha trajetória. Combati a voz da Magda, inseri crenças fortalecedoras, defini meus objetivos, persisti. Aos poucos, e primeiramente no treinamento, vi que estava funcionando demais: ganhei mais força nos treinos, mais foco na alimentação, meu corpo começou a se transformar e assim fui conquistando os primeiros kilos (de 20kg totais) de massa muscular. Sem hormônios, sem atalhos e sem cirurgias.

Aos poucos fui tomando consciência de que eu era capaz, sentindo que nada me diferenciava de ninguém e que eu não era menos capaz do que outras pessoas que já haviam alcançado grandes conquistas. Foi assim que a minha nova afirmação de poder se instalou em meu interior:

"Eu posso fazer tudo que minha mente definir que quer."

A palavra tem poder

As nossas palavras são como profecias que podem se realizar no decorrer do tempo. As palavras têm vibração e, como tal, influenciam diretamente a nossa vida. Já aconteceu com você de mentir que está doente e depois realmente ficar doente? Ou falar que não tem dinheiro para sair e depois realmente ficar sem dinheiro?

Toda palavra, por mais inofensiva que pareça, gera uma energia emanada para o Universo. Por mais que você fale algo de brincadeira, tudo que é emanado para o Universo volta para você.

"A palavra possui poder sobre os átomos e moléculas e sobre o tempo e as dimensões."
– Masaru Emoto

Em uma pesquisa, cientistas russos provaram que o DNA humano pode ser influenciado por meio da voz humana. E isso remete à importância de mantras, orações, decretos e afirmações quânticas, que serão vistos nos próximos capítulos. Voltando ao experimento, os cientistas provaram isso ao modular a frequência emitida ao núcleo do DNA à voz humana, por meio de raios lasers. Ao aplicar os raios modulados à frequência da voz humana, a partir de palavras específicas, a molécula do DNA sofreu interferências construtivas imediatas. Isso é simplesmente fantástico e mostra que a palavra tem energia, frequência e que é possível modular a natureza quântica de qualquer coisa, inclusive do DNA humano.

Outro experimento muito interessante aconteceu em Curitiba, onde uma professora resolveu provar aos alunos os poderes positivos e negativos das palavras. Ela preparou dois potes com arroz cozido e propôs que os alunos dissessem palavras positivas para um pote de arroz e negativa para o outro pote.

No pote do "amor", o arroz fermentou naturalmente. No pote do "ódio", o arroz embolorou. O experimento dessa professora foi baseado na pesquisa do cientista japonês Masaru Emoto.

Reportagem do experimento
feito pela professora

Eu resolvi fazer esse experimento em casa e o resultado é surpreendente:

O que acontece quando você
xinga um potinho de arroz?

"Não peça, agradeça."

Ao longo da navegação, aprendi que eu deveria agradecer em vez de pedir. Eu deveria agradecer por já ter. Então, escrevi em uma folha de papel: "Eu agradeço por ganhar tantos reais por mês"; "eu agradeço por ter muitos amigos e pessoas boas ao meu redor", "eu agradeço por viver a vida dos meus sonhos", e comecei a escrever por tudo mais que eu era grata.

Quando você pede, ainda está vibrando na escassez, ou seja, você não tem aquilo. Quando agradece, você manda o sentimento de que você já possui, logo você aumenta muito suas chances de atrair. Isso sem considerar que a frequência da gratidão é elevadíssima, perto da frequência do amor. Então, quanto maior for a sua frequência vibracional, maior será o poder de realização.

Uma das coisas que baixa a vibração das pessoas é a reclamação. Há pessoas que vivem para reclamar. Reclamam do tempo, do trabalho, das pessoas. Nunca nada está bom, é incrível! Não seja essa pessoa. Troque o reclamar por agradecer.

Sabendo que você atrai tudo aquilo de que reclama e tudo aquilo pelo que agradece, quais seriam as suas atitudes a partir de hoje?

É isso mesmo! Você atrai tudo aquilo de que reclama e é por isso que quem vive reclamando de tudo não consegue evoluir.

Reclamar por algo é pedir isso ao Universo.

Imagine só, o Universo não entende palavras, apenas a sua vibração. Então, se você reclama de algo, para o Universo, é como se você quisesse mais daquilo.

Você reclama do seu trabalho e o Universo te manda mais situações desafiadoras para você continuar reclamando.

Você reclama da falta de dinheiro e o Universo continua te deixando na escassez para você continuar reclamando.

Agradeça e então terá cada vez mais motivos para agradecer. Reclame e então terá cada vez mais motivos para reclamar.

"Eu não aguento mais boletos...", e aí você atrai mais boletos.

"Eu não aguento mais problemas...", e aí você atrai mais problemas.

"Eu não aguento mais ficar doente...", e aí você atrai mais doenças.

Em contrapartida...

"Eu agradeço por ser feliz...", e aí você atrai mais felicidade.

"Eu agradeço pela minha saúde...", e aí você atrai mais saúde!

"Eu agradeço pelo meu dinheiro...", e aí você atrai mais dinheiro.

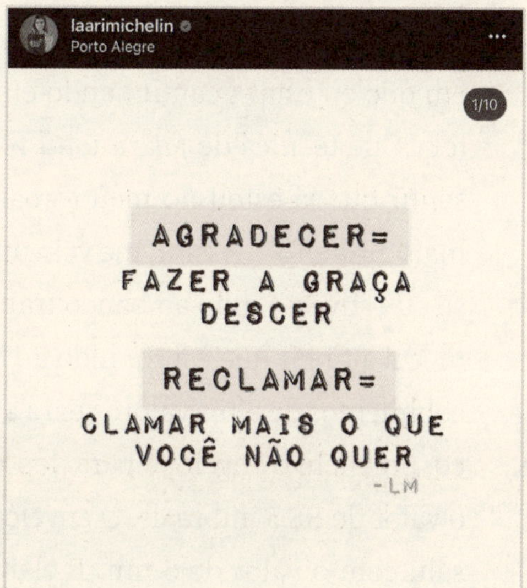

E aí lendo isso você pode pensar "mas como vou agradecer por ser feliz se eu não sou feliz?". Muitas vezes eu reclamava e não pensava em tudo que eu já tinha. Eu tenho certeza de que, se você está lendo este livro, você tem muita coisa. Muita coisa que talvez você não valorize.

Então, não esqueça que, quando você começa a agradecer, você eleva a sua frequência e, assim, aumenta o seu poder de realização.

O conselho de 5 mil reais

Passei a aplicar os aprendizados da lei da atração a todo momento. Durante o estágio, eu ia ao banco para fazer a custódia de cheques, e pensava em como poderia aplicar meus novos conhecimentos, pois não estava satisfeita naquele local, sentia que podia muito mais. Foi nessa época que passei a utilizar mais uma técnica aliada da lei da atração: *fake it until you make it*. Traduzindo, significa "finja até você conseguir", e foi exatamente o que passei a fazer. Como eu estagiava em um financeiro, tinha que ir ao banco todos os dias fazer custódia de cheques e, em um dos dias em que eu estava caminhando em direção a ele, eu me perguntei: "Que técnica de *fake it until you make it* eu posso aplicar pra sentir que já estou no meu trabalho dos sonhos e tenho muito mais dinheiro?". Assim, me veio um insight. Em vez de agir como se eu estivesse indo ao banco trabalhar para uma academia, comecei a fingir que estava indo ao banco fazer transferência e recebimentos de altos valores para a minha conta. Cheguei ao banco, preenchi o envelope para depósito com meus dados e escrevi o valor de R$ 5 mil reais. O envelope estava vazio, mas a notinha saiu com o valor de 5 mil. É claro que depois eles conferem e,

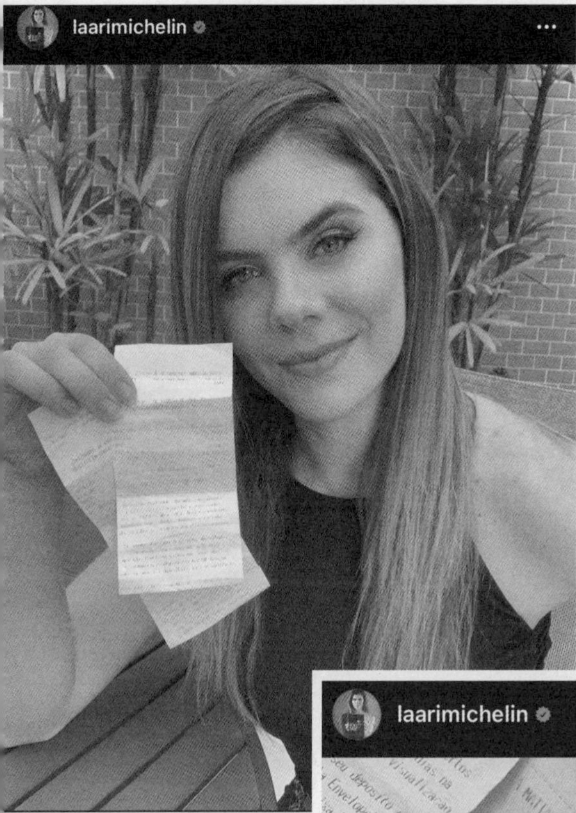
laarimichelin

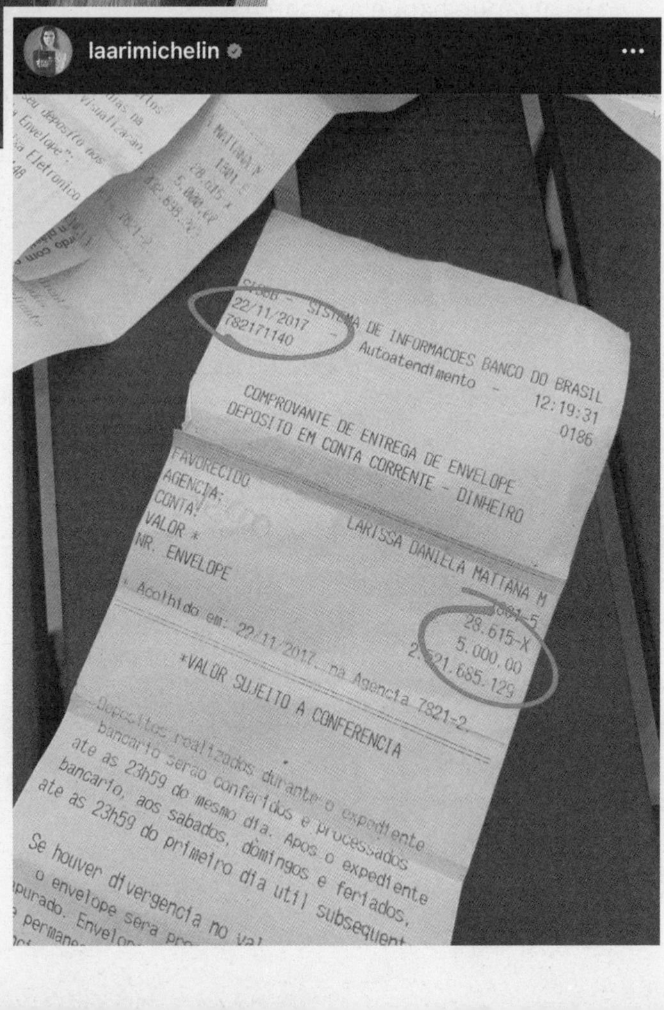
laarimichelin
SISBB - SISTEMA DE INFORMACOES BANCO DO BRASIL
22/11/2017 - Autoatendimento - 12:19:31
782171140 0186
COMPROVANTE DE ENTREGA DE ENVELOPE
DEPOSITO EM CONTA CORRENTE - DINHEIRO
FAVORECIDO LARISSA DANIELA MATTANA M
AGENCIA:
CONTA: 28.615-X
VALOR * 5.000,00
NR. ENVELOPE
* Acolhido em: 22/11/2017, na Agencia 7821-2.
*VALOR SUJEITO A CONFERENCIA
Depositos realizados durante o expediente
bancario serao conferidos e processados
ate as 23h59 do mesmo dia. Apos o expediente
bancario, aos sabados, domingos e feriados,
ate as 23h59 do primeiro dia util subsequent

se o envelope está vazio, nenhum dinheiro cai na conta. Porém, quando vi o valor impresso na nota pela primeira vez, com o meu nome, me veio uma sensação "wowww, 5 mil". Uma chave dentro da minha mente virou. Aquilo era só um papel, com apenas um valor. Era falso, mas e se fosse verdadeiro? Dinheiro é muito abstrato, aquilo é só uma nota! Mas a sensação que eu tive ao ver mudou todo o jogo. Passei a fazer isso todos os dias, até minha mente acreditar de fato que eu estava recebendo aquele valor.

Na minha mente já era real. Para mim, que estagiava e na época ganhava R$ 600,00, aquela quantia de 5 mil era muito. Em poucos meses sabem o que aconteceu? Eu já não estava mais estagiando naquela academia e os 5 mil começaram a vir de forma fácil em minha conta, por meio de parcerias que comecei a fechar pelo Instagram. Isso aconteceu porque de fato eu acreditei. E assim as oportunidades se abriram. Quando você acredita, tem fé, é como se você se abrisse para Deus e para o Universo realmente te ajudarem a realizar. Agora, se você não acredita, como você espera que eles te entreguem? Você já negou, antes mesmo de tentarem te entregar.

Esse conselho que estou dando a vocês agora me fez perceber que a nossa mente e nossa fé mudam todo o jogo. Eu comecei a comemorar muito pelos 5 mil, mas depois já senti que que queria mais e assim comecei a fazer depósitos de 50 mil reais. A brincadeira acabou quando meu pai, ainda responsável da conta universitária do Banco do Brasil, me ligou dizendo que o gerente do banco havia ligado pra ele para entender por que estavam recebendo diversos depósitos com envelope vazio de 50 mil reais. Fiquei nervosa e me deu um frio na barriga. Bom... foi bom enquanto durou, rs.

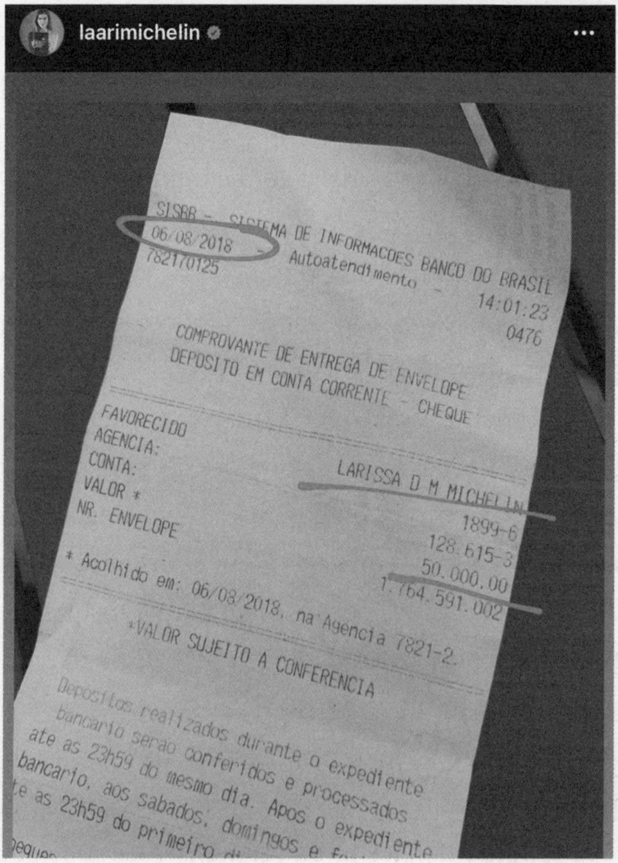

Autoimagem

Eu era um gatinho, mas me via como leão. Eu focava não no que eu era, mas no que eu queria ser. Isso porque eu reformulei a minha autoimagem, que antes era de uma pessoa depressiva e agora é de uma pessoa de sucesso.

Mas o que é autoimagem? Bom, autoimagem é a imagem que você cria de você mesmo, é aquela forma de você que está projetada na sua mente.

A autoimagem é o ponto de partida. Para ter novos resultados, você precisa ter uma nova autoimagem. Para ser uma pessoa rica, você precisa ter uma autoimagem congruente com esse desejo.

Você vai formando a sua autoimagem desde a infância, com características que você percebe de você mesmo e com características que os outros falam que você tem e ao longo dos anos vai adaptando ou reforçando essa autoimagem consciente ou inconscientemente.

Se eu ficasse reforçando a minha antiga autoimagem, eu simplesmente não sairia do lugar. Por isso, criei uma nova autoimagem, agora da Larissa de Sucesso, não mais a Larissa que ganha 600 reais por mês no estágio.

Ser para ter

Minhas metas começaram a ficar cada vez mais ambiciosas. Comecei a acompanhar cases de sucesso e pessoas milionárias. Logo, pensei: *também quero ser milionária*. Ao longo das tentativas aprendi um dos conceitos mais importantes da lei da atração: ser para ter. E assim comecei a me perguntar: "Ok, eu quero 1 milhão de reais na conta, mas eu estou sendo a pessoa que vai ter esse 1 milhão de reais na conta?", "Eu estou me comportando como uma milionária?". As respostas vieram... eu não estava. Eu era desorganizada, não tinha gestão financeira, não agia muitas vezes como uma milionária. Harv Eker afirma em seu livro *Os Segredos da mente milionária* que, "se você não sabe administrar 1 real, não espere que conseguirá administrar 1 milhão de reais". Isso fez muito sentido, porque, por mais que eu estivesse ganhando muito mais dinheiro, eu não estava sabendo administrar. Eu gastava tudo muito rápido, não tinha controle. Não estava enriquecendo. E também não estava me comportando como uma milionária.

Pergunte-se nesse momento: "Se eu já fosse milionário, o que eu estaria fazendo? Como eu estaria me sentindo nesse momento? Quais seriam os meus comportamentos?".

Foi isso que fiz naquele momento. Comecei a aprender sobre finanças, sobre investimentos, ter uma planilha de controle financeiro, frequentar locais com padrão mais elevado mesmo que fosse só para tomar um café, conversar mais com pessoas milionárias e me modelar a elas. Comecei a chegar nas reuniões e nos lugares com mais autoconfiança. E foi aí que tudo mudou... Eu comecei a de fato me sentir milionária. E, a cada dia que passava, agir mais como uma milionária. O 1 milhão de reais na conta? Veio por consequência. Isso é SER para TER. Primeiro você é, depois você tem. É aqui que o jogo começa.

"Vai dar certo, eu confio, vai acontecer."

Eu sempre tive fé e acreditei que era possível. Havia uma vozinha bem lá no fundo, como acontece até hoje, que me dizia constantemente: "Vai dar certo", que me dava certeza de que, se eu fosse atrás do que queria, não haveria nada que eu não pudesse fazer. Então eu sempre tive essa confiança.

"Quando eu estava no caos, quando a minha vida estava péssima e eu me via afundando, o que me confortava era fechar os olhos e imaginar a vida que eu queria."

Às vezes surgiam no caminho as dúvidas que as outras pessoas colocavam e tentavam fazer parecer que era impossível, mas ainda assim eu acreditava. Quando eu estava no momento mais turbulento em que tudo era um caos, minha vida estava péssima, e eu me via afundando, eu voltava o meu olhar para dentro, e o que me confortava era fechar os olhos e imaginar a vida que eu queria.

"Eu fechava os olhos e imaginava a vida que eu queria, e era isso que me confortava, porque eu sabia que iria se tornar realidade."

Então sempre que eu imaginava tudo que eu vivo hoje acontecendo, quando eu imaginava as coisas dando certo e me imaginava bem, aquela imaginação que eu criava, a realidade que eu enxergava dentro da minha mente me confortava. Era surreal. A minha vida poderia estar péssima externamente, mas, quando eu imaginava a versão dela que eu queria, a calma me invadia, os sentimentos eram amenizados e eu ficava bem. *Vai acontecer, é possível,* pensava. Eu fechava os olhos e imaginava a vida que eu queria, e era isso que me confortava, porque eu sabia que iria se tornar realidade.

Eram esses pensamentos que me davam força. Eles me traziam o ânimo para fazer as ações dia após dia. No dia em que passei pelo cursinho, por exemplo, tive que resgatar a força do além, porque eu odiava o pré-vestibular; eu tinha pavor de estudar Física, e quando já vinha aquela dorzinha na hora de estudar, chegava a sentir raiva. Era uma enorme pressão ter que passar na Federal, e eu precisava enfrentar todos aqueles conteúdos que me causavam um ranço gigante. Então eu respirava e pensava: *Beleza, é só uma fase; é só uma fase, vai passar, eu consigo dar conta.*

Foi bem desafiador, porque na realidade nunca fui a aluna mais dedicada da turma. O que contava a meu favor era o fato de eu sempre ter sido boa de raciocínio; não sentia tanta dificuldade e isso me ajudava a passar nas provas da escola ainda que eu não estudasse tanto. Eu simplesmente passava. Mas, quando chegou o vestibular, tive que estudar. Não tem como a gente não estudar. A gente tem que descobrir quais são as manhas das provas, tem que realmente decorar várias coisas. Então eu tinha que estudar, não havia outra escapatória. Mas pelo fato de eu já me imaginar passando na prova, estando dentro da faculdade e meus pais sendo atendidos quanto a isso, eu me incentivava a continuar. Até mesmo quando chegava sexta-feira à noite e não tinha ninguém em casa, nem minha mãe ou minha irmã, lá estava eu sozinha, estudando e mantendo a convicção de que iria passar no vestibular.

> *"A imaginação é um combustível que nos guia para a ação."*

Eu ainda não tinha o corpo que queria, não tinha ganhado toda a massa muscular que queria; eu tinha que treinar mais, tinha que me esforçar mais, mas o fato de eu já me imaginar com o corpo dos meus sonhos, que é o corpo de hoje, me dava forças para continuar, para eu me alimentar bem e ir treinar. Quando sentia preguiça, eu ia treinar.

Sempre é uma questão de imaginar o resultado final e pensar que devemos tomar a ação. Se você quer que algum pensamento se torne realidade, é preciso tomar a ação. Isso é um combustível, a imaginação é um combustível que nos guia para a ação. Foi assim que sempre me movi em direção ao que eu queria.

O marinheiro que sai do porto imagina que vai chegar ao seu destino? Se ele quer chegar ao Caribe, com certeza imagina que chegará lá. Agora, se ele nem imagina que o navio chegará lá, como se moverá em direção a isso?

"É na caminhada que você descobre o caminho."

Aliás, muitas pessoas têm dificuldade em obter clareza. São inúmeras as que sofrem pela indecisão, não sabendo para onde estão indo e, consequentemente, pegando qualquer caminho. As pessoas acham que precisam ter muito bem em mente o que querem para depois irem para a ação. Muitas dizem: "Ah, eu não consigo sair do lugar porque não sei exatamente o que quero", mas muitas vezes tu só descobre na caminhada. É na caminhada que tu descobre o caminho.

Não adianta você ficar parado achando que vai aparecer o caminho diante de si para então seguir em frente. **A clareza do caminho somos nós que criamos ao dar os primeiros passos**. Eu comecei na Psicologia, e depois fui para outros cursos, mas, se eu não tivesse passado, talvez não tivesse descoberto que não era aquela profissão que eu queria. Então, muitas vezes você tem que passar por aquilo que não quer, para ver o que você quer.

Quantas pessoas ficam paradas na iminência do: "Ah, um dia eu vou descobrir o que eu quero, e aí sim eu vou ali tomar uma atitude", e não vão ingressar na caminhada que as levará à clareza? Se você se identifica com essa incerteza e indefinição, fique atento, pois só irá descobrir o que faz sentido ou não, e se algo está alinhado com seu propósito ou não quando se colocar no processo da caminhada.

Muitas vezes esse aprendizado é obtido errando mesmo, passando por coisas que não fazem sentido para então identificar o que faz, e assim alcançar um parâmetro.

Além de encontrarmos a clareza, ingressarmos na caminhada também nos faz ouvir o coração. A mente às vezes acha que sabe, mas a resposta está dentro do coração. É nele que acreditamos, pois ao sentirmos se algo faz sentido, se estamos no caminho certo, estamos ouvindo a intuição que nasce no coração. Portanto, não devemos ignorar os sinais, mas sim continuar caminhando.

"Se sua mente pode ir até lá, você também pode."

Uma crença que eu tenho muito forte é a de que sempre tudo é possível, que tudo no final dará certo. Sempre que passavam na minha cabeça frases como "isso é impossível"; "isso é muito difícil", "eu não vou conseguir", eu substituía por "eu vou dar um jeito", "eu sou capaz", "eu posso fazer tudo que minha mente definir que quer". Essa atitude mental positiva sempre me guiou e me estimulou.

Além disso, eu sempre sonhei muito grande. Sempre fui uma criança muito imaginativa, que às vezes ficava projetando coisas até fora do comum. E o lado positivo de tudo isso é que me fazia realmente chegar até novos lugares, pois, se a nossa mente pode ir até lá, nós também podemos.

Tudo que hoje foi criado, o ser humano pensou antes. Então tudo o que eu penso que pode acontecer hoje, sei que posso fazer acontecer, porque eu acredito. Se sua mente pode ir até lá, você também pode. Quando eu me imaginava sendo influenciadora digital, youtuber, não passavam na minha cabeça pensamentos negativos como: *Não, isso não pode, isso não vai acontecer*. Porque, se eu estou indo até lá, se eu me vejo fazendo isso, se eu vejo acontecendo, se eu me vejo palestrando, se eu me vejo escrevendo um livro, eu sei que pode acontecer. O mesmo acontece hoje: se eu me vejo conquistando milhões de seguidores, triplicando o meu faturamento mensal, dando eventos presenciais, viajando ao mundo, participando do TEDx e por aí vai... e decido agir, também sei que irá acontecer!

DESAFIO da **LAARI**

Como você pôde ver neste capítulo, capitão, você não pode ajustar o vento, mas pode ajustar as velas a favor dele. E isso requer novos hábitos e esforço diário. Por isso, eu te convido a fazer 3 desafios, suas velas serão ajustadas à medida que você for realizando-os.

DESAFIO da **LAARI**

DESAFIO da **LAARI**

Desafio 1.

O primeiro desafio é um exercício de reconexão consigo mesmo, essencial para retirá-lo da vibração inadequada que te leva a pensamentos negativos. Para realizá-lo, preferencialmente, coloque uma música relaxante para tocar, concentre-se na sua respiração, realizando duas ou três inspirações e expirações mais lentas para tranquilizar o seu ritmo e, em seguida, repita as frases que deixei aqui para você:

Eu sou a presença da saúde perfeita;

Eu sou o amor;

Eu sou rico(a);

Eu sou abundante;

Eu sou capaz, eu sou confiante;

Eu sou o poder, eu sou a plenitude e eu sou a esperança.

Desafio 2.

O segundo desafio consiste em um treino de mentalização para ajustar o seu foco. Quanto mais você mentalizar coisas boas para sua vida, mais força dará a esses pensamentos, que consequentemente te levarão a fazer ações que comprovem isso. É uma semente que você planta na sua mente para o bem, e quanto mais você acreditar que já é real, mais a lei da atração estará atuando a seu favor. Faça uma análise: qual é o seu sonho mais imediato? Comece a nutrir bons pensamentos sobre ele, que sejam confirmatórios de que você irá conseguir, e quanto mais o fizer mais foco você terá para realizar as ações necessárias para alcançá-lo.

Lembre-se:

Tudo em que você foca expande.

Desafio 3.

O terceiro desafio irá mudar a sua vibração da escassez para a abundância. Você deve completar as frases abaixo sentindo a gratidão. Não importa se você ganha pouco ao mês. Pense agora no quanto você quer ganhar, sem filtros, complete sentindo a gratidão de que você já ganha essa quantidade.

"Eu agradeço por ganhar '_____' mil reais ao mês."

Eu agradeço por ____________________

Eu agradeço por ____________________

Visualize com riqueza de detalhes como você estaria se isso já fosse real e sinta a gratidão.

Com isso, seu estado vibracional começará a ficar cada vez mais elevado, o que irá permitir que novas oportunidades cheguem a você mais facilmente. E, quando menos esperar, você estará atraindo para si cada um dos seus sonhos e chegando ao seu destino, capitão!

Faça cada um desses desafios assim que finalizar a leitura deste capítulo; na sequência, poste nas redes sociais e marque @laarimichelin e use a hashtag #desafiodopensamentoàrealidade. Você pode gravar um story repetindo as âncoras, tirar uma foto do livro, compartilhar uma conquista sua. E novamente esqueça qualquer receio ou vergonha de compartilhar esses desafios, pois essa etapa é fundamental para o seu processo de tornar pensamentos realidade.

pensamentos
positividade
pensamentos
gratidão
positividade
gratidão
pensamentos
gratidão
gratidão

N
ideia fervente
fervente ideia
ideia ideia
W
E
fervente ideia
ideia
ideia fervente
S

5

A BÚSSOLA

"O navio sai do Porto sabendo aonde quer chegar..."

Ter um destino é fundamental para colocar a embarcação em alto-mar, mas não ter algo para te DIRECIONAR pode dificultar muito a travessia. A maior parte das pessoas não consegue o que quer porque simplesmente não sabe o que quer.

E é aí que eu te apresento a sua bússola, o que direcionará a sua viagem, a sua IDEIA FERVENTE.

Ideia fervente é aquilo que você mais deseja conquistar na vida. Não é algo do tipo "eu acho que eu quero", nem do tipo "seria legal se eu tivesse". É algo que você quer muito, que só de pensar seus olhos brilham e seu coração vibra. Aquilo que você deseja em um estado profundo, que você deseja do fundo da sua alma.

É muito comum as pessoas se perderem no caminho, pois traçam muitas metas e objetivos que não estão conectados com a ideia fervente. Portanto, ao longo do caminho, você deve priorizar escolhas que estejam relacionadas à ideia fervente e que te aproximem dela, não que te distanciem. Toda e qualquer decisão deve seguir a seguinte pergunta: "Isso está conectado com a minha ideia fervente?", "Essa escolha me ajudará a chegar lá?".

É necessário entender que você passará por etapas até chegar na sua ideia fervente. Assim, aquele objetivo que você traçar no momento nem sempre vai ser o que te fará atingir a ideia fervente de imediato. Mas, ainda assim, ele é importante e deve estar de alguma forma conectado a ela. Por exemplo, passar na prova do vestibular não era a minha ideia fervente, mas era uma etapa que eu precisava passar naquele momento e contexto de vida. Uma etapa que posteriormente me levaria à ideia fervente. Portanto, tenha em mente essa ideia, mas de maneira alguma ignore as etapas e os miniobjetivos que você terá no caminho para posteriormente chegar até ela.

Steve Jobs, por exemplo, tinha como ideia fervente construir a Apple, porém certamente ele não ignorou os objetivos ao longo do caminho, como estudar sobre tecnologia, construção de marca, gestão de pessoas etc.

Ter uma ideia fervente servirá como uma bússola na sua travessia. Ela te fará lembrar aonde você quer chegar e para onde está indo.

Ainda assim, às vezes nos esquecemos dela, então entramos em uma oscilação vibracional. Ora nossa frequência baixa, ora aumenta, e ficamos instáveis. Se você só vive dia após dia e não há nada nele que te faz relembrar aquilo que você quer, tudo fica mais difícil, seu protagonismo perderá força e o piloto automático passará a assumir o controle da sua vida. Isso é normal, pois costumamos esquecer, por vezes nos distraímos; por isso, devemos ter algo que nos fará lembrar de forma imediata: a âncora, que será apresentada no próximo capítulo.

O dia em que eu descobri minha ideia fervente, tudo ganhou mais sentido na minha vida. Lembro quando comecei a compartilhar dicas no Instagram, treinos e motivação e certo dia falei o quanto eu acreditava no pensamento positivo e no fato de que ele criava a nossa realidade. Na época, ainda estava com dúvidas, incertezas e certa insegurança. Até que, um dia, abordei um novo papo de motivação nos stories e falei que estava feliz com os feedbacks positivos que estava recebendo do meu público. De repente, minutos depois, recebi um direct de uma seguidora que me surpreendeu. Ela relatou que havia feito uma tatuagem com a frase "O seu pensamento cria a sua realidade" no braço, e que eu a inspirava diariamente.

Eu me arrepiei ao ler o comentário dela. A sensação de "não estar sendo ouvida" que vinha em alguns momentos simplesmente acabou. Sim! Uma seguidora que se inspirava em mim tatuou uma frase em seu corpo após ouvi-la de mim em um discurso de motivação. Uma sensação de estar inspirando, motivando e influenciando as pessoas veio muito forte em mim. Eu entendi o meu propósito naquele instante. Foi mais um sinal de que eu deveria continuar. Eu fiquei: "Caraca, eu to inspirando real as pessoas. E é só o início".

Comecei a receber vários feedbacks, e cada um me motivava mais a continuar.

Cuidado para não navegar pela bússola de outro navio.

Tem pessoas que irão opinar ao longo da sua navegação. Vão te trazer críticas construtivas, opiniões, conselhos... Porém, cuidado. Essas opiniões são baseadas nas bússolas das outras pessoas, não na sua. O norte do outro pode não ser o seu norte. O seu leste pode não ser o leste de uma pessoa que cruzou seu caminho.

Eu, depois de tantos equívocos e dispersões ao ouvir tantas opiniões, tenho aprendido a navegar com a minha própria bússola. Tenho aprendido que olhar demais para a bússola dos outros pode fazer eu perder o foco na minha. Tenho aprendido que a falta de confiança na minha própria bússola pode ser fatal para eu chegar no meu destino.

E quando digo que "tenho aprendido", significa que eu não sei sobre tudo na minha navegação, e ainda bem, afinal, ela não precisa acabar quando a gente chega ao destino. Nós podemos traçar outros e outros destinos, e ir aprendendo cada vez mais enquanto navegamos.

DESAFIO da LAARI

Chegou a hora de você definir a sua ideia fervente: a sua bússola.

Para te ajudar nessa...

Imagine-se com oitenta anos de idade explicando para a sua neta de sete anos como foi a sua vida. Qual seria a maior conquista que você estaria contando a ela? Como você conseguiu isso e como mudou a sua vida pra melhor?

Minha ideia fervente:

N
ideia fervente
fervente ideia fe
ideia fe te ideia
W
E
ervente ideia
nte
ideia fer
ideia fervente
S

mais não
mais
você
vai
vai mais não para
para você
vai

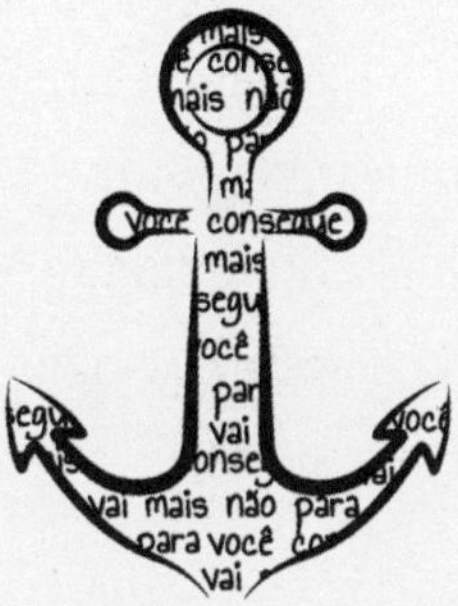

6
A ÂNCORA

A bússola te ajuda na movimentação, mostrando a direção. No entanto, o que mantém uma embarcação PARADA e FIRME quando há necessidade é **a âncora**.

Às vezes, é necessário parar o barco em um lugar de segurança, olhar novamente o mapa, ajustar a bússola para, daí sim, voltar a seguir viagem. Fazer sempre essa pausa pode ser exaustivo e pode fazer o barco ir perdendo a navegabilidade, e é por isso que usamos a âncora.

A âncora manterá o seu barco firme, e será o lugar ao qual você recorrerá todas as vezes que o caminho parecer perdido e confuso.

Ancorar o barco é um princípio muito importante da navegação.

A âncora poupa aquele excesso de esforço mental que você faz toda vez que precisa relembrar o seu propósito de vida e a conquista da sua vida dos sonhos.

Uma bússola te guiará, mas você precisará de algo seguro para amparar seu navio todas as vezes que o caminho ficar um pouco turbulento. Por isso chegou a hora de você criar sua ÂNCORA!

E como criar uma âncora? Ela pode ser uma palavra, uma afirmação, um vídeo, um gesto, um objeto, uma imagem mental. Você deve visualizar com riqueza de detalhes a sua ideia fervente, gerar uma forte emoção em relação a ela e assim associá-la a essa âncora que escolheu.

O ator Jim Carrey, por exemplo, tinha a sua ideia fervente: ganhar 10 milhões de reais.

Ele visualizava todos os dias e se sentia em posse desse dinheiro.

Em uma entrevista a Oprah Winfrey, ele contou que, mesmo quando não tinha nada, ele visualizava a vida que vive hoje.

Então, fez para si mesmo um cheque no valor de 10 milhões de dólares e escreveu no memorando: "Por serviços prestados como ator". Todo dia ele olhava para o cheque, que servia como uma âncora, pois, mesmo quando ele acordasse cansado ou desacreditado, o cheque o fazia relembrar a sua ideia fervente e, assim, ele se movia em direção a ela.

Hoje, Jim Carrey é um dos atores mais bem pagos de Hollywood.

Em um momento da minha vida de forte impacto emocional, aproveitei e criei uma âncora muito forte. Visualizei com riqueza de detalhes minha vida dos sonhos enquanto escutava uma música e gerei uma forte emoção ao afirmar e sentir que "JÁ É REAL". Fortaleci essa nova conexão neural ao longo dos dias, até que bastava ouvir a música para eu relembrar a vida dos sonhos. Hoje é incrível. Nos momentos iniciais da música, toda aquela sensação boa e de realização que tive naquele dia volta em instantes. E assim ganho mais ânimo, energia e disposição. Uma motivação absurda toma conta de mim e eu tomo ações que me aproximarão da minha ideia fervente.

Uma âncora que criei para um miniobjetivo foi quando queria passar na prova do vestibular. Criei uma cena mental onde eu conferia o meu nome no listão, comemorava e sentia o gos- to de vitória. Repeti diversas vezes e criei a âncora "VITÓRIA". Assim, toda vez que estava estudando e me batia o cansaço e vontade de desistir, eu repetia: "VITÓRIA", a cena da minha apro- vação voltava rapidamente na minha tela mental e em segundos eu retomava o meu foco.

Âncoras também podem ser criadas para hábitos que desejamos acrescentar em nossa rotina. Uma que criei quando desejava ganhar massa muscular e sabia que deveria dar o meu máximo no treinamento foi a âncora "VAI MAIS". Ela foi essencial para eu transformar o meu pensamento de ganho de 20 kg de massa muscular em realidade.

Em 2014, quando eu estava começando a pegar o jeito na musculação e estava em um treino de perna com meu primeiro personal trainer, aconteceu algo muito marcante pra mim. Eu estava em uma série do leg press e o personal não determinou quantas repetições eu deveria fazer, apenas disse para eu ir fazendo. Fiz 10 repetições e achei que era pra encerrar ali. Olhei

pra ele com cara de quem queria parar e ele disse: “Continua, vai mais”. Continuei e fiz mais 5 repetições, já acreditando que estava no limite e deveria parar ali. Ele afirmou: “Vai mais, continua, vai mais repetições!”. Minha mente estava dizendo pra parar, mas obedeci e continuei. Fui até 20, já estava exausta e com o músculo ardendo. Só ouvia: “Vai mais, vai mais”. Até que, quando vi, cheguei a 30 repetições. Parei o exercício e o professor me parabenizou. “A mente sempre falha antes do músculo. Você sempre aguenta mais!”. Um grande paradigma quebrou-se ali. Um exercício com uma carga que pensei que seria capaz de fazer apenas 10 repetições, eu fiz o triplo! E junto ganhei essa âncora que se fixou para o resto da minha vida: VAI MAIS.

A partir daí, toda vez que eu estava fazendo o exercício e o músculo começava a arder, eu repetia: “VAI MAIS”, relembrando de toda força que tenho. Utilizo essa âncora até hoje e dessa forma sempre saio do conforto, me desafio a ir mais e tenho melhores resultados. Apliquem! Seja na esteira, no leg press, na prancha, em algum exercício de ioga. Quando vocês estiverem quase desistindo e parando, lembrem-se: **VAI MAIS**.

Depois, para expandir ainda mais os resultados, comecei a aplicar na vida. Quando eu estava trabalhando e cansada: VAI MAIS. Quando eu estava desistindo de ler um livro, por cansaço: VAI MAIS. Quando passei a ganhar muito dinheiro e senti que comecei a ficar estagnada: VAI MAIS. Sempre VAI MAIS, pra tudo!

E agora quero apresentar uma âncora muito poderosa, a âncora do YES. Essa eu aprendi com Paulo Vieira, no livro *O poder da ação*. Estava em uma época difícil em que só reclamava da vida e de tudo ao meu redor e dizia que não tinha motivos para comemorar. Porém, decidi dar uma chance a essa técnica. Com os braços elevados, eu deveria pronunciar: "YES", e puxar os braços para baixo, com bastante entusiasmo, como se estivesse comemorando algo. Comecei a fazer e confesso que me senti meio boba no início, porém em poucos dias eu estava comemorando mesmo, falando "YES" de verdade. Essa técnica me trouxe mais empolgação e entusiasmo, me fazendo acreditar nos meus sonhos.

Todas essas âncoras me mantiveram segura, mas colocar a minha embarcação em alto-mar me exigia uma percepção muito importante: para que lado estava o vento e o que eu precisava fazer nas minhas velas para alcançar o meu destino, a minha ideia fervente?

DESAFIO da **LAARI**

Hoje será um teste, capitão. Além de testar a resistência do seu mastro, você ajustará as suas velas usando uma ferramenta muito importante que aprendemos neste capítulo: a âncora. Vamos nessa?

Nas próximas 24 horas, você usará a sentença VAI MAIS (que será a sua âncora) todas as vezes que sentir que sua mente quer parar. Seja nas repetições da sua planilha de treino na academia, na leitura de um livro que você se comprometeu a ler ou em alguma tarefa no seu trabalho que sua mente insiste em procrastinar.

DESAFIO da **LAARI**

DESAFIO da **LAARI**

Passadas as 24 horas, você voltará aqui e escreverá nas linhas abaixo tudo que conseguiu fazer, mostrando que, se a sua mente chegou lá, seu corpo não teve outra alternativa a não ser chegar também. E você pode voltar nessa lista quantas vezes quiser; use-a como um lembrete de que VOCÊ CONSEGUE TUDO QUE SUA MENTE DEFINIR QUE CONSEGUE!

A segunda é: nos próximos 7 dias, toda vez que você levantar de manhã, você vai repetir as seguintes afirmações de poder:

Eu posso fazer **tudo** que a minha mente **definir** que **quer**.

Eu tenho **ânimo**, **energia** e **disposição** para realizar os meus **sonhos**.

Tudo vem em minha vida com **facilidade**, **glória** e **alegria**.

E, após todas elas, levantar os braços e com entusiasmo repetir: YESSSS!

Me marque nos stories @laarimichelin com as hashtags #DesafioYES #DesafioVaiMais

mais
mais
você
vai
vai mais não para
para você
vai

pensamentos
positividade
gratidão
pensamentos
gratidão
positividade
gratidão

7
A FAVOR DO VENTO

Chegou um momento em minha vida em que comecei a acompanhar *cases* de sucesso, a me inteirar mais de vídeos, ver palestras motivacionais e estudar mais sobre o universo empresarial. Meu interesse sobre esse assunto foi crescendo cada vez mais, e passava horas lendo várias revistas, daquelas de negócios, não só a *Forbes,* mas também Época Negócios, *PEGN,* e assim me inteirava de tudo o que estava acontecendo na área de empreendedorismo e de como eram as empresas de sucesso.

No momento em que eu lia, sempre vinham alguns insights, flashes do que eu poderia fazer, e a vontade de realizar, como se fosse uma voz interior me dizendo: *Ah, faz também, vai lá, cria alguma coisa!* Foi assim que várias ideias começaram a passar na minha mente: *Cria isso, um aplicativo de supermercado.* As ideias eram tantas que eu me sentia como se fosse bombardeada, e isso me empolgava! Mas logo em seguida eu me questionava como iria concretizar tudo aquilo.

Você já se pegou pensando intensamente sobre a ideia de realizar um projeto, criar um negócio ou algo do tipo e também se perguntou como? Geralmente é assim que ficamos logo no começo quando estamos diante de grandes ideias. Naquela época, eu também não fazia a mínima ideia de como começar! Mas, em vez de desistir e deixar de lado a minha ideia fervente, foi nesse momento que comecei a querer dar um passo maior e fazer algo a mais; eu alimentava cada vez mais meu desejo de me arriscar.

Nessa hora que estamos vibrando na abundância, sonhando com uma grande realização, é normal que logo venha aquele sentimento de medo de dar errado. Apesar de direcionar meus pensamentos para a realização da minha empresa, de modo que ela se tornasse uma realidade, tive que enfrentar os questionamentos que vinham quase a todo instante: *Como que vou fazer isso? Como isso vai dar certo?*

Gente, realmente não foram poucos, pelo contrário, foram muitos questionamentos mesmo. Porém, um princípio da lei da atração que eu gravei comigo, e que você também precisa gravar com você de hoje em diante, é o de que nós devemos nos preocupar muito mais com o quê do que com o como. Quando você tem claro na sua mente o que você quer, o Universo te ajuda no como. Então comecei a prestar atenção no que realmente eu queria e ficar muito atenta aos sinais. E foi aí que as primeiras pistas da primeira oportunidade começaram a surgir.

O Universo sempre nos envia sinais, e para entendê-los precisamos estar sempre atentos. Esses sinais podem vir, por exemplo, em forma de uma imagem que vemos, como de repente um *outdoor* na estrada que te traz um insight, ou um anúncio da internet que te chama a atenção por apresentar as respostas que você estava buscando para determinada ideia que teve recentemente. Podem ainda chegar por meio de pessoas que vêm até você e te apresentam algo inesperado, e que curiosamente tem tudo a ver com o que você estava procurando.

Para mim foi exatamente assim. Certa vez, um conhecido me indicou um livro de empreendedorismo, que reforçou a minha ideia fervente de abrir meu primeiro negócio, e essa ideia se somou à minha inspiração em meu pai, que também começou a empreender desde cedo. Pouco tempo depois, eu estava falando com um amigo e ele me indicou outro livro, o *Nada Easy*, do Tallis Gomes, dizendo que era um dos livros mais fáceis de entender sobre empreendedorismo na prática. Então fui logo comprar o tal livro, e li em um dia no ônibus, indo para a faculdade, às sete horas da manhã.

Todos esses eventos foram sinais do Universo, que me mostraram a confirmação do que eu estava buscando: eu queria ser uma empreendedora. A vontade foi tão forte, que eu falava: "Vou empreender! Não sei no que ainda, não sei como, não sei como vai dar certo, mas eu vou fazer isso dar certo!". Então tudo o que fui descobrindo nas histórias sobre empreendedorismo que lia me inspiraram e eu estava vivendo uma fase em que várias coisas estavam dando certo. Mas, assim como os medos surgem logo quando começamos a pensar em algo novo, outros obstáculos começam a aparecer para nos colocar à prova. Comigo, foi a minha família, que me incentivava a estagiar em uma empresa que fosse *top*. Eles queriam que eu buscasse o melhor estágio, mas eu já não queria mais estagiar no lugar em que estava, mesmo sendo aquilo que eles me incentivavam a fazer. Eu sentia que aquela vida não era para mim, pois eu não me dava bem, não dava o meu melhor; sempre que estava no estágio, minha mente ia para outro lugar, e pensava: *Nossa, se eu tivesse mais tempo para criar conteúdo... Se eu tivesse mais tempo para me dedicar aos meus negócios...* E isso me deixava inquieta. Eu definitivamente sentia que não era para estar ali trabalhando naquele estágio, e como a minha vibração estava voltada para o empreendedorismo, foi em direção a ele que os ventos me sopraram.

* * *

Eu havia marcado uma viagem com alguns amigos da faculdade no final de 2018, e de uma galera grande restaram poucas pessoas, após uma série de desistências. Hoje, eu agradeço por não ter desistido também, pois foi coincidentemente nessa viagem que uma das grandes oportunidades da minha vida surgiu. Conversando com uma amiga, a Paola, durante um dos passeios que fizemos, ela falou que já tinha uma ideia de negócio em mente, e foi naquele momento que eu ouvi sobre a "Cocodensado" pela primeira vez.

Fiquei arrepiada quando ela foi me contando sobre a sua vontade de empreender e como nossos pensamentos em relação a criar um negócio estavam tão alinhados. Mais um sinal do Universo de que eu estava no caminho certo! Ela continuou contando que estava fechando essa ideia com mais uma pessoa, o Matheus, e que eles estavam abertos a novos integrantes que pudessem somar na construção da marca, então não demorou muito para que nos encontrássemos após aquela viagem para fazermos uma reunião de planejamento. Em seguida, já começamos a colocar em prática tudo o que havíamos desenhado em conjunto, cada *match* de ideias que havíamos tido, e a Cocodensado foi tomando forma.

"Vou te contar um segredo. Quando temos um desejo, principalmente da alma, tudo vai conspirar a nosso favor. Mas preste atenção, se esse algo que você deseja for movido pelo seu ego, o Universo saberá. Ele sabe tudo que está na alma e tudo o que está no ego, por isso que muitas coisas não dão certo, ou simplesmente não são para acontecer naquele momento."

No começo da empresa, enfrentamos muitos desafios. A gente realmente começou a entender o empreendedorismo empreendendo, pois foi quase tudo na prática. Na realidade, eu aprendi muito mais nessa experiência de montar um negócio do zero do que na própria faculdade de Administração. E todas as vezes que eu sentia aquele medo ou era invadida por um sentimento de que ia dar errado, eu entrava ainda mais em ação. Eu agia apesar do medo, meus sócios e eu agíamos apesar do medo, do cansaço, das adversidades.

"A dor de fazer as coisas passa, a dor de desistir fica."

Criar algo do zero não é simples. Fizemos inúmeros testes da receita original no liquidificador de casa, daí quando parecia que ia dar o ponto certo, estragava, ou o conservante às vezes não dava certo e tínhamos que começar tudo de novo... Éramos só nós três, não tínhamos ninguém com a gente naquele começo e fazíamos tudo manualmente: produzíamos a receita, cuidávamos do envase, aplicávamos os rótulos, um a um, seguíamos madrugada adentro e ficávamos até as cinco horas da manhã trabalhando na nossa empresa para então acordar às sete horas.

Foram muitos obstáculos, mas sempre nutri o pensamento de que a dor de fazer as coisas passa, mas a dor de desistir fica. Então foi ali que eu entendi que, mesmo indo dormir às cinco horas da manhã e tendo que acordar às sete horas para ir à faculdade, sabia que era um período. Eu estava abdicando de descanso no final de semana, da minha vida social, abdicando de momentos de prazer, mas entendi que aquele sacrifício todo era apenas temporário e que, se eu quisesse seguir um objetivo, se eu tinha um desejo, eu deveria estar sofrendo ali a dor de fazer as coisas em vez de suportar a dor do arrependimento futuro.

Às vezes era bem tenso não saber, mas fomos na cara e na coragem mesmo, e sempre pesquisando como fazer tudo o que era necessário para estruturar o negócio e fazer com que ele desse certo. Fizemos um investimento inicial pequeno, cerca de R$ 1 mil cada um, pedimos a arte visual da marca a um ***designer***, abrimos um CNPJ como microempresa, e lembro-me de que, quando fomos na primeira loja tentar vender o nosso produto, não sabíamos como abordar a vendedora nem o que era boleto quando ela disse que testaria a venda dele! Mas, apesar de cada desafio e dificuldade que chegava, desde o início da Cocodensado eu apliquei a lei da atração, porque sabia qual era o meu "quê"; então, consequentemente, eu descobriria o "como". Eu já visualizava tudo dando certo, visualizava diariamente o sucesso, e fazia brincadeirinhas, anunciando:

"Essa empresa é um sucesso!"

Como criamos uma EMPRESA MULTIMILIONÁRIA
com a LEI DA ATRAÇÃO – Cocodensado

Você se lembra de que eu disse que a palavra tem poder? É isso que aconteceu na história da minha empresa. De tanto que eu falava, às vezes brincando, que ela era um sucesso, uma empresa milionária, que vendia todos os dias e para lojas do Brasil inteiro, uma hora tudo isso passou a acontecer. É o famoso "*fake it until you make it*", ou seja, finja até acontecer, finja até dar certo.

Onde você deseja ancorar a sua embarcação – qual é o seu SONHO?

Tudo começa com um sonho, um projeto que nasce no coração, toma forma no pensamento e se baseia nos princípios e valores de alguém. Nós tínhamos um propósito, criar um produto que tivesse nossa essência, nossa missão e nossa visão. Nosso desejo era revolucionar o mercado de doces saudáveis com algo inovador. A união do nosso sonho com a força do nosso pensamento transformou em realidade um dos maiores projetos da nossa vida: a Cocodensado.

Quando criamos a marca, pioneira no mercado no segmento de doces veganos, eu tinha apenas 21 anos. O primeiro leite condensado sem açúcar, sem glúten e vegano surgiu a partir de um experimento bem-sucedido após muita persistência. E como a alimentação sempre foi fundamental no meu processo de desenvolvimento e aperfeiçoamento, não apenas físico mas também mental, quando a minha amiga que já fazia receitas saudáveis me contou da sua intenção de criar um negócio, pois havia identificado um *gap* no mercado de leite condensado vegano (ela não havia encontrado nada que pudesse servir

de base de leite condensado saudável), descobrimos que havia um problema que poderíamos solucionar: a falta de um leite condensado vegano. As pessoas que são intolerantes à lactose, que são alérgicas à proteína do leite, ou são celíacas, ou ainda simplesmente estão de dieta e não querem consumir um leite condensado comum não tinham essa opção de produto antes da Cocodensado. Então foi assim que, diante da identificação daquele problema, a semente da criação do que seria o primeiro leite condensado vegano do Brasil estava lançada. Ao misturar todos os ingredientes à base de coco, a inspiração para o nome da marca nasceu em conjunto com a receita do produto.

Se você já pensou em uma solução para alguma dor ou demanda reprimida de alguém, essa pode ser a grande oportunidade da sua vida, portanto jamais desista de acreditar e agir para tornar seu pensamento realidade! Quando aliamos um pensamento empreendedor aos nossos valores e àquilo em que sempre acreditamos, as ideias florescem na mesma medida. No nosso caso, foi exatamente assim, porque estávamos conectados pelos mesmos valores de saúde, qualidade de vida e bem-estar, com foco em empreender, então qualquer ideia de empreendedorismo, fosse de produto ou serviço, era anotada no papel constantemente. Pesquisávamos possibilidades, procurávamos o que poderia ser feito para atender às necessidades de um público e buscávamos sinais daquilo que pudéssemos criar e empreender. No dia seguinte à descoberta da receita original, e após inúmeras tentativas, conseguimos produzir ainda a receita de doce de leite e brigadeiro, o que só confirmou que a oportunidade única estava bem ali, diante de nós, e que viria a ser um enorme sucesso, pois muitos outros produtos seriam originados a partir daquele começo.

Como criamos uma empresa multimilionária com a lei da atração

A Cocodensado carrega dentro de cada pote muito mais do que seu doce sabor. Em cada um deles estão nossos valores de inclusão, respeito e paixão pela alimentação saudável e consciente. Como você tem visto neste capítulo, ela carrega muitas histórias de superação de barreiras, muita luta, trabalho, e também cada vez mais motivos para comemorar. No início, rótulos e mais rótulos foram colados por nossas próprias mãos em tantas noites que passávamos em claro, foram dias e dias fazendo tudo sozinhos: operacional, logística e financeiro. Mas por mais cansativo que fosse, nós sempre voltávamos para o nosso porquê, para o nosso sonho.

A gente tinha certeza de que ia dar certo, e mesmo nas piores dificuldades, quando parecia que tudo que ia dar errado, quando a gente não tinha fluxo de caixa para pagar as contas, quando tudo conspirava realmente para dar errado, a gente visualizava aonde queríamos chegar. A gente acreditava e usava aquelas dificuldades para nos tornar mais fortes.

"Gente, eu sinto que coisas boas estão por vir. Daqui a pouco vai chegar um negócio, alguém, algo, que vai, assim, alavancar", era o que eu vivia falando quando começamos o nosso negócio. "Vai acontecer! Já está acontecendo! Esta fábrica está em funcionamento todos os dias. A equipe está aqui montando caixas, fazendo envio todos os dias. Há envios todos os dias." E continuava dizendo: "Isso daqui uns dias vai estar em outro lugar. A Cocodensado vai estar milionária, multimilionária. E aí a gente vai lançar o *e-commerce*. Vai dar muito certo!".

Era assim a mentalidade o tempo todo, porque, se a gente não tivesse pensado dessa forma, nunca iria dar certo, pois na primeira dificuldade a gente iria encarar tudo aquilo, cada obstáculo a ser superado e então dizer que não tinha como, iria desacreditar. Mas o gás era mantido sempre na base da atitude mental positiva: "Nossa, tá dando certo!", "Yes! Estamos vendendo para um monte de lojas!", "Nossa, a Cocodensado tá dando certo!". Quando, na realidade, era o oposto, com pilhas de contas chegando, falta de espaço de estoque, fluxo de caixa negativo. Mas apesar de tudo isso aquelas brincadeiras afirmativas do começo nos mostraram, depois de todas as dificuldades, que tudo começou a prosperar por termos persistido na convicção de que daria certo. Essa persistência nos fez ir além. Aquela ideia inicial que era apenas um teste de liquidificador feito em casa começou a ganhar forma, e quando alcançamos, enfim, a estabilidade, a gente se olhou e falou: "Meu Deus, tudo aquilo que a gente idealizou no início agora está acontecendo!". Deu até aquele frio na barriga, porque as responsabilidades aumentaram e sabíamos que aquele era só o início.

Quando revisito toda essa história, percebo como é muito doido isso, porque, mesmo quando a fábrica não tinha estrutura nenhuma – chegamos uma vez a quase desmanchar tudo antes de engatar nas vendas porque o aluguel de onde havíamos nos instalado inicialmente era caro e não tínhamos dinheiro para pagar a locação –, eu me recusava a vibrar na escassez, e persistia na mentalização de que a empresa estava funcionando todos os dias de forma eficiente. Perdi as contas de quantas vezes dizia para os meus sócios que a gente estava fazendo envio todos os dias e que tudo estava dando certo. "Esta empresa já é milionária! A Cocodensado já é multimilionária!", eu prosseguia, e quando falava isso realmente visualizava, eu acreditava que já era real e que iria dar certo. E como a lei da atração é certeira, assim foi. Em menos de sessenta dias de abertura da empresa, já havíamos esgotado o faturamento do MEI. Já estávamos em mais de trinta lojas, dez estados e 25 cidades. Mudamos o local de produção, terceirizamos alguns processos e logística. E foi aí que nossa ficha caiu, nosso sonho havia saído do pensamento e estava se tornando realidade.

O crescimento ao longo desses três anos de sua existência tem sido exponencial, e os números não negam. Nosso projeto é do tamanho dos nossos propósitos. Em 2021, período em que já tínhamos atingido um resultado muito bom, comprei a parte da Paola, e isso fez toda a diferença na construção da marca e sucesso da empresa. Hoje, eu e o Matheus seguimos firmes acreditando cada vez mais no potencial de crescimento e levando a marca para cada vez mais lugares, sempre pensando grande e relembrando tudo aquilo que passamos. A Cocodensado não representa apenas um doce, mas também persistência, coragem e superação. Ela é a representação física do poder da realização em ação.

Vídeo da história inteira da Cocodensado

Descubra o seu caminho

Toda empresa tem que ter meta, tem que saber aonde quer ir, porque, se não souber aonde se quer chegar, qualquer caminho serve. E isso só é possível quando as pessoas que gerem a empresa sabem exatamente aonde querem chegar. Agora, quando a pessoa não tem ideia do que quer, você sabe aonde a opção "qualquer caminho serve" leva? A lugar nenhum! Muitas vezes essa pessoa vai pegar diversos caminhos que vão fazê-la andar em círculos, rodar, rodar e parar onde ela está agora. Então, para que você não caia na mesma cilada, olhe sempre para onde você quer chegar a cada dia que passa, e aja, tome decisões, dê novos passos para cada vez mais chegar nesse lugar que você visualiza, pois, ao vibrar nessa frequência, lembre-se de que a lei da atração agirá a seu favor na sua vida.

"Nunca deixei de aplicar a visualização, de acreditar e confiar. E você? O que você quer alcançar? Você tem tido uma ideia fervente? Então acredite que ela já é real e aja para isso! Assuma na sua vida o alinhamento PSA, pensar, sentir e agir, e vá mais longe sempre."

* * *

Nessa história que acabei de compartilhar com você sobre como construí uma empresa milionária, se meus sócios e eu não tivéssemos tido a fé, a convicção e a confiança de que daria certo, nada disso teria acontecido. As pessoas certas não teriam surgido no nosso caminho, as oportunidades não apareceriam e a gente iria ficar vibrando na escassez. Quando vibramos no medo, os pensamentos que logo tomam conta da mente de quem está começando um negócio são tipicamente: "Mas e o risco de dar errado?", "Mas e o dinheiro que eu posso perder?". É óbvio que você tem que pensar nos riscos, mas acima de tudo é preciso acreditar que vai dar certo.

Não adianta você ficar na energia do medo, da aflição, na energia que vai fazer as coisas darem errado. É necessário avaliar e muitas vezes ser um pouco cético também, mas você não pode abrir mão de estar na energia de fazer dar certo, da confiança, pois aquilo que você atrai é aquilo que você está vibrando. Enquanto você vibrar no medo, você vai atrair cada vez mais situações que te geram medo. A empresa não vai aumentar seu faturamento, e você não vai atingir suas metas porque vai estar focado no medo, no fracasso. O medo do fracasso cria a experiência do fracasso. Mas a vontade do sucesso, o desejo pelo sucesso, vai criar também a experiência do sucesso.

A Cocodensado foi concebida nas nossas mentes e conquistada na nossa realidade. Nossa empresa é real, e nosso doce sonho tomou forma e esse é apenas o início.

> *"O medo do fracasso cria a experiência do fracasso. Mas a vontade do sucesso, o desejo pelo sucesso, vai criar também a experiência do sucesso."*

Quando iniciei a minha carreira como empresária, eu sabia que seria um longo percurso, dias bons e dias não tão bons. Tinha dias que eu não aguentava mais fazer as coisas, que eu só queria deitar, dormir, abstrair. E era nesses momentos mais difíceis que eu repetia para mim mesma: a dor de fazer as coisas passa, já a dor de desistir fica. O mesmo princípio que eu apliquei na academia todas as vezes que eu não aguentava mais, quando estava exausta, quando parecia difícil e o músculo estava ardendo demais, eu também apliquei nos negócios, então ficava até de madrugada trabalhando dia após dia na produção da Cocodensado.

Aquela força que adquiri na musculação, lá no início, fez com que eu tivesse disciplina e uma mente forte nos negócios também, então por isso que não desisti fácil. A minha mente já estava treinada para não desistir. Minha mente estava treinada para aguentar. Quem me acompanha pelas redes sociais conhece bem aquele "Vai Mais" que eu sempre digo; eu o repetia na academia para fazer mais uma série, mais uma repetição, para ir além. E, quando me dei conta, comecei a aplicar em todas as outras áreas da minha vida. Assim, quando eu estava com vontade de dormir em cima da mesa do trabalho de tão exausta que ficava, ou na sala de aula da faculdade por ter tido tão poucas horas de sono, dizia para mim mesma para aguentar mais dez minutos.

O "Vai Mais" que eu comecei a aplicar no treino para ter melhores resultados estéticos, para entender que os limites estavam na minha mente, comecei também a usar nos negócios: *Não dorme, Larissa, vai mais!; leia mais dez páginas, vai mais!; não largue agora o trabalho, vai mais, você aguenta mais, lembre-se das suas metas*! E isso me fazia ganhar força. Eu tive que fazer coisas a que não estava acostumada, como montar caixas; tive que abrir minha mente para botar a mão na massa. Eu tive que arregaçar as mangas e, por mais que tivesse a imagem em minha mente de ser empresária, ter meu notebook, trabalhar em um escritório *top*, sabia que teria que passar por outras coisas antes. As pessoas muitas vezes querem pular etapas, mas tudo tem seu tempo, e é preciso entender, compreender e viver cada momento.

"VAI MAIS"

Mesmo nos momentos em que eu montava caixas ou misturava a receita no liquidificador, também visualizava e sabia que um dia eu iria estar na gestão, liderando o negócio, mas eu tinha que passar por isso. Coloquei no meu mapa dos sonhos uma foto de pessoas trabalhando em uma linha de produção, e hoje é o que está acontecendo, temos toda uma equipe de funcionários. Eu sempre acreditei. Apesar de no início tudo parecer uma bagunça, inclusive uma bagunça mental, sempre mantive o foco no quê, não no como, e as coisas acontecem quando confiamos. Eu sabia, era isso. Sabia que ia ter que passar e que chegaria o momento de colher os frutos. Eu nunca deixei de acreditar.

Manter essa mentalidade me salvou de vários obstáculos ao longo de toda a minha trajetória na vida e nos negócios. Para você ter uma ideia, aconteceu várias vezes de não termos dinheiro no caixa da Cocodensado logo no começo, e sempre que vinha algum obstáculo muito forte, um obstáculo grande, parecia que realmente era um teste do tipo: "Vocês vão querer continuar mesmo?". E mesmo assim a gente dava a volta por cima e seguia em frente. As barreiras são tantas que, não à toa, oito em cada dez empresas fecham. Sim, o índice é muito alto, e sabe por quê? Porque as pessoas desistem muito fácil. Mas, quando não desistimos, aprendemos a ter resiliência a cada obstáculo e nos tornarmos mais fortes.

No início, também não ganhávamos dinheiro, era praticamente zero real e apenas dinheiro sendo investido para colocar a estrutura em funcionamento, e é justamente nessa hora que muita gente erra, porque as pessoas querem colher os frutos antes de plantar. Elas querem viver o sucesso antes de dar o que é preciso para alcançá-lo. Por isso comecei a me focar no plantio, o que sempre exige boas doses de paciência, persistência e resiliência.

Sabe o fracasso? Pare agora de ser dominado pelo medo que um dia ele te impôs! Você não deve temê-lo, porque o **fracasso é uma etapa do caminho do sucesso**. Se você fracassou, esse momento foi apenas um pedaço, uma parte da caminhada para chegar ao sucesso. A gente vê muitas vezes os *cases* de pessoas de sucesso, mas quantos "nãos" elas tiveram? Quantos fracassos? Quantas vezes elas erraram? "Mas e se eu fracassar?" Gente, fracasse! Eu perdi o medo de fracassar, na realidade, queria errar o quanto antes, fracassar o quanto antes, para então aprender o mais rápido possível. Eu queria ter a vontade de mudar a rota o quanto antes. Então, faça questão de errar, não tenha medo de fracassar, pois quanto mais rápido você errar, mais rápido você aprenderá. Quanto mais você fracassar, mais vontade terá de ganhar, e isso nos dá muita força.

Fui perdendo o medo do empreendedorismo, e com isso me libertei do medo em várias outras áreas da vida. Eu me tornei ainda mais focada e disciplinada, tanto que, mesmo trabalhando até de madrugada e fazendo faculdade, eu ainda dava um jeito de encaixar meu treino da academia. Aliás, foi o ano que eu mais me dediquei, pois, quando a gente está disciplinada numa área, consequentemente se disciplina em várias outras.

* * *

O não você já tem

Lembro-me do momento em que comecei a fechar parcerias no meu Instagram. Dux Nutrition, Bold Snacks, Onemarket, Everlast... Cada parceria que eu fechava eu ganhava mais confiança em mim e no meu trabalho. Até que um dia eu conheci a academia Ineex. Ela era simplesmente perfeita! Sala de equipamentos grande, área dos aparelhos aeróbicos, treinamento funcional, crossfit, sala de bikes, natação, sala de lutas, sauna... tinha simplesmente tudo! Eu me senti literalmente em um parque de diversões quando entrei, rs. Aquela ida contou como uma aula experimental, e além de treinar com toda empolgação nos equipamentos mais caros e de extrema qualidade do mercado, eu aproveitei para gravar vídeos para o Instagram, tirar fotos e apreciar aquele ambiente. Aquele dia eu senti a abundância em forma de academia. Dias depois, o responsável que me apresentou a academia me enviou por whats os valores dos planos mensais e anuais. Então, eu compartilhei isso com um amigo meu. Falei que tinha amado a academia, mas que o valor era muito elevado para o meu orçamento. Girava em torno de R$ 500 reais ao mês.

"Por que você não oferece parceria? Ele libera a academia pra você e, em troca, você faz posts em seu Instagram, divulgando o @ da academia" – ele perguntou.

A primeira coisa que me veio à mente e eu falei foi: "Não... meio difícil conseguir". Eu me senti muito pequena diante daquela academia.

"Por quê?"

"Não é o perfil deles. Ouvi falar que o diretor não tem muita familiaridade com as redes sociais e então é bem fechado para parcerias." Ele me olhou e insistiu: "Mas não custa tentar, o não você já tem".

Nesse momento parece que uma chave virou dentro de mim. É verdade! O não eu já tinha. O que custava correr atrás do sim? "Mostra o seu potencial, mostra sua quantidade de seguidores, seu poder de influência. Pensa no tanto de pessoas que podem passar a treinar lá com a sua indicação. Você merece ter a academia liberada em troca do que você pode oferecer."

Com vários insights incentivadores que meu amigo me deu, decidi que iria tentar. Liguei para a academia e pedi o whats do diretor. Mandei mensagem me apresentando e dizendo que gostaria de ter uma conversa a respeito de parceria. Ele me retornou e marcamos para a semana seguinte.

Nessa semana, fiquei criando todos os cenários de como eu poderia abordar e me comportar durante a conversa. Praticava os teatros mentais, imaginava ele me dizendo o "sim". Me preparei toda para o dia. Me arrumei, cheguei adiantada, fiquei aguardando-o na recepção. Ele me chamou, entrei na sala confiante e dei um aperto de mão forte.

Minha mãe e meu pai sempre me deram esta dica: jamais aperte a mão de alguém de forma fraca e rápida, isso demonstra insegurança e falta de confiança. Depois desse valioso conselho, passei, sempre, sem exceções, a cumprimentar os outros, especialmente em reuniões, com um aperto forte de mão e olhando nos olhos da pessoa. E de fato funciona muito. Eu me sinto mais confiante e segura. O único problema é que, quando a pessoa aperta a minha mão de forma fraca, minha mente já a julga como uma pessoa insegura, rs, é automático.

Depois do aperto de mão, Paulo, diretor da Ineex daquele ano de 2018, já falou para eu ficar à vontade e falar sobre mim. Quem eu era, o que buscava, o que queria com essa parceria. De forma simples e objetiva. Falei convictamente que trabalhava com o Instagram e que em forma de conteúdos inspiradores do meu estilo de vida, que incluía treinos de musculação, eu vi total sinergia com a Ineex e que desejava fechar uma parceria em que eles me cederiam o uso da academia em troca de posts no meu Instagram, mencionando a academia e incentivando as pessoas a treinarem lá também.

Ele me falou um pouco sobre a Ineex e disse, inclusive, que a sigla significava INSPIRAR e EXPIRAR e que o seu objetivo é fazer com que o exercício físico esteja presente na rotina das pessoas de forma prazerosa e saudável. Nesse momento, vi mais sinergia ainda com o propósito, já que na minha abordagem de lifestyle eu incentivo a mudança de hábitos e a inclusão de exercícios na rotina diária. O que eu senti naquele momento? Senti que era para mim. Ineex significa inspiração, e as pessoas me falavam que eu era inspiração, então fiz esse link e senti que aquela academia tinha tudo a ver comigo. Ao longo da conversa me senti confiante, mas em alguns momentos claro que surgiram aqueles pensamentos de dúvida. Então houve momentos em que precisei garantir o retorno que daria: "Posso enviar pra você todas as pessoas que conhecerem a academia por meio de mim ou que estiverem interessadas em conhecer e fechar". Assim ficaria mais seguro para ambas as partes, pois eu traria resultados para a academia.

No final da reunião, ele falou: "Vamos fazer assim, vou te dar um mês para frequentar a academia e nesse período você vai mandando para o marketing as pessoas interessadas e assim nós vamos mensurando o retorno e você vai sentindo a sua adaptação na academia. Pode ser?". Eu falei: "Claro. Fechou". Eu disse isso com a cara fechada e super tranquila, porém soltando fogos de artifício por dentro. Eu estava muito feliz!

"Finja normalidade Larissa", era o meu pensamento. Eu tinha que treinar a minha mente a se acostumar com os vários "SIM" que eu iria ouvir dali pra frente. "Finja que é normal, Laari", pensei. Deu de me colocar para baixo! Eu preciso ter o sentimento de que as pessoas precisam de mim e do meu trabalho. Saí de lá quase berrando... ok, foi uma quebra de padrão, pois a minha mente ainda não estava tão acostumada com isso. Mas era um mês, ainda não era nada definitivo. Então contive minhas emoções. Mas, claro, acreditando que após esse um mês fecharíamos permanentemente. E assim foi! Fiz um mês de parceria e me dediquei muito nas postagens. Conheci minha amiga Gretha, que também estava tentando fechar parceria. Juntas ganhamos força e passamos a treinar juntas, uma filmava e tirava foto da outra e algumas vezes treinávamos e fazíamos vídeos juntas. Mais um sinal de que o Universo une energias semelhantes. A Gretha foi uma pessoa que é muito semelhante a mim que atraí naquela época, tanto que somos amigas até hoje. Mais uma forma de como a lei da atração age em nossa vida, em que o Universo coloca pessoas com energia semelhante em nosso caminho.

Eles gostaram muito do meu trabalho, dos posts, do alcance. Muitas pessoas foram conhecer a academia depois das minhas divulgações e várias fecharam. Assim, eles fecharam por vários meses comigo. YES! Não foi a parceria que mais me deu retorno financeiro. Era uma permuta, na qual eu deixava de pagar os 500 ao mês em troca de usufruir tudo que tem lá. Mas o retorno emocional... foi muito grande. E considero que foi uma das maiores parcerias, de todas que já fechei ao longo desses seis anos de influenciadora.

Eu quebrei a barreira do "não, acho que não vai dar" para o "o não eu já tenho. Corra atrás do sim", e isso deu certo e me incentivou a aplicar em outros momentos da minha vida. Eu encarei uma reunião em uma sala com um diretor que por muitos era considerado "faca na caveira", "com ele não tem conversa" e comecei a desenvolver naquele momento habilidades de persuasão e negociação. Além de trabalhar internamente minha autoconfiança, valorizando meus pontos fortes.

Eu me desafiei a dar o meu melhor naquele primeiro mês, por desejar tanto aquela parceria, que acabei explorando e aprimorando talentos que nem eu sabia que tinha. Ganhei não só um espaço para treinar com os melhores equipamentos, mas um ambiente onde eu me sentia literalmente em casa. Sofás, lanchonete, vestiário grande, chuveiros, tudo da melhor qualidade... Pra mim era a Disney em forma de academia. Eu passava horas e horas lá.

Além disso, ganhei uma amiga muito parecida comigo, que também treina, que também é influenciadora e que dividiu milhares de momentos de treino e superação dentro e fora da Ineex, a Gretha, que até hoje é minha amiga e é considerada um presente valioso para mim. Eu ganhei momentos de superação, de garra, de coragem que despertaram a Larissa forte e resiliente que sou hoje, eu dava o meu máximo lá, dava o meu melhor. Até hoje, quando volto para Porto Alegre e entro naquela academia, esses sentimentos ressurgem. Isso porque nossa mente funciona por associação. Como eu vivi momentos de muito impacto emocional e evolução lá dentro, atingi o ápice da minha evolução corporal e sempre estimulava meu corpo a IR MAIS e dar o meu melhor, quando eu retorno àquele espaço, várias doses de motivação passam a vibrar dentro de mim. É como se passasse um filme na minha cabeça e, se por algum motivo eu estou um pouco pra baixo, lá eu ganho força pra voltar pra cima.

E tudo começou quando eu ouvi daquele meu amigo empresário: "O não você já tem". É aquele momento de: "Caramba... é verdade, eu posso e vou correr atrás do sim", que quero transmitir pra você. Você já pensou em quantas oportunidades perdeu por acreditar que não podia e não era capaz? Por se sabotar e deixar de correr atrás da resposta positiva?

Muita gente tende a ver só o sucesso dos outros, só o sim que cada pessoa levou, as conquistas que são mostradas no palco. Mas poucos veem e entendem a quantidade de NÃO que muita gente já levou. Antes de levar esse sim dessa academia, eu havia levado cinco nãos de outras que me disseram que iam passar uma resposta e nunca mais retornaram.

Na verdade, se você buscar conhecer a história de famosos, inclusive famosos em âmbito mundial, verá que muitos deles levaram vários nãos antes de chegarem ao sucesso. Gisele Bündchen, por exemplo, foi rejeitada 42 vezes antes de se tornar a modelo mais poderosa do mundo.

Gisele falou à People: "Me lembro de algumas pessoas me dizendo que meu nariz era muito grande e que meus olhos eram muito pequenos e que eu nunca poderia estar na capa de uma revista".

E aí agora eu te pergunto, se ela tivesse desistido nos primeiros nãos, será que teria sido eleita a modelo mais bem paga por oito anos consecutivos, ganhando cerca de 47 milhões de dólares?

O mesmo se aplica a você: você precisa ter a coragem de enfrentar os nãos e até mesmo lidar com a rejeição, para depois chegar no sim e no eu de sucesso que já existe dentro de você. Agora, se desistir quando alguém falar um não ou disser que seu nariz é grande, você perderá a chance de descobrir quem realmente é e quais são seus maiores talentos. Desista por medo e se indague a vida inteira sobre como teria sido, ou encare com coragem e corra atrás de tudo aquilo que você pode e merece ser e conquistar. A escolha é sua.

Dito isso, entenda o padrão MENTAL que você mantém na hora que duvida da sua capacidade.

Se você mantém sua mente alimentada por pensamentos de "não vai dar, não sou capaz, não tem como, eles vão dizer não", você vai sempre arranjar desculpas para não ir atrás. Você vai sempre se sabotar, se diminuir.

A partir do momento que você ajusta o seu diálogo mental, se convence de que pode levar um SIM, você ganha mais autoconfiança e isso automaticamente reflete nas suas ações. E, assim, você adquire um novo padrão mental.

Se você quer que um pensamento seu de conquistar aquele emprego, aumentar sua renda, ser aprovado na prova, aumentar o seu cargo, ou seja lá o que for, se torne realidade, você precisa substituir aquelas crenças negativas por novas crenças positivas.

Você precisa convencer a sua mente de que já deu certo, mesmo que ainda não tenha dado. Você precisa sentir que é digno de conquistar aquilo que deseja. Porque é isso que vai te dar autoconfiança para agir. É isso que vai te direcionar para fazer aquela ligação a fim de marcar aquela conversa.

É isso que vai fazer você se sentir mais autoconfiante na sala de entrevistas. Na *call*. Na reunião com o time. Ao mandar aquele e-mail. Ao falar com aquela pessoa que você admira.

A autoconfiança é o combustível do sucesso. Talvez você se pegue pensando: "Tá, um dia eu aplico isso". NÃO. NÃO ESPERE! Aplique o quanto antes. É a vivência que te gerará um impacto emocional e assim te conduzirá a resultados grandiosos. Se você levar um não, usará como força para ir em busca de um sim.

E se você levar um sim, atingirá o seu objetivo e ainda ganhará mais confiança para ganhar mais SIM em próximas oportunidades.

Quando chegou o ano seguinte ao da abertura da empresa, 2019, continuei realizando e focando muito a ação. Eu e meus sócios colocamos muita resiliência em prática quando as coisas não davam certo, mas foi um ano também em que, ao mesmo tempo, fui realizando outras coisas e acreditando, como foi o caso das minhas parcerias no Instagram. Comecei a fechar parcerias que eu sempre quis, e abrir espaço para me dar o merecimento. Um exemplo desse processo foi a compra do meu MacBook. Quando comprei meu notebook, considerei aquilo um verdadeiro marco, porque era uma meta distante que eu havia colocado no meu mapa dos sonhos e finalmente tinha conquistado. Quando fui até a iPlace e comprei aquele notebook, ativei uma crença de merecimento dentro de mim, e consequentemente outras coisas começaram a acontecer muito rápido. Tudo aconteceu porque eu sempre "agia como se".

O poder do "agir como se"

Eu realmente desejava aquele MacBook. Queria muito, porém ainda não tinha dinheiro suficiente para comprar. Então foi dali que comecei a me lembrar dos princípios da lei da atração e do "aja como se", "*fake it until you make it*", "sinta que já é real". *Por que não começar a aplicar?*, eu me perguntei. Então, certo dia fui até a iPlace do shopping Iguatemi de Porto Alegre e implantei em minha mente a ideia de que estava indo comprar o tal do MacBook.

Chegando na loja, um atendente da iPlace logo me abordou e perguntou o que eu estava procurando. "Eu vim comprar um MacBook Pro", disse a ele, então em seguida o vendedor foi me apresentando as opções. Enquanto eu olhava para os MacBooks, já ia sentindo que um era meu. Toquei nele e senti como se eu estivesse tocando-o em minha casa, indo trabalhar.

"Quanto é, moço?"

"Este modelo hoje está saindo R$ 12.173,87."

Nesse momento, mesmo sabendo que não tinha o dinheiro em conta, eu inverti a lógica, e sabia que, para a lei da atração funcionar, eu não poderia pensar que esse valor era muito alto nem que estava distante da minha realidade, pois dessa forma eu estaria emanando escassez, estaria vibrando na falta e me distanciando cada vez mais desse desejo. Assim, em vez de visualizar um valor alto, visualizei aquele valor como apenas uma pequena porcentagem dos meus ganhos mensais. E lembro até de ter repetido mentalmente: "Ah, o preço está muito acessível!".

Essa foi a primeira vez que apliquei essa técnica que aplico até hoje quando determinado valor soa caro e meu pensamento tende a ir para o "é caro". Seja para MacBook, relógio, carro, passagem, hotel... Em determinadas vezes, o valor é mais elevado, sim, mas o simples fato de eu mudar o pensamento em torno disso já me faz conectar com outro sentimento: "Eu posso comprar, eu tenho dinheiro". Nesse momento, vêm imagens em minha mente que me conectam com uma realidade abundante, e eu tenho todo o dinheiro do mundo para comprar o que quiser, e aqui quero deixar bem claro que a questão não é o dinheiro, e sim o sentimento de abundância; e o ato de confiar no Universo de que nunca irá me faltar dinheiro para adquirir e vivenciar o que eu quiser.

Mas e se faltar?

Mas e se eu não tiver?

Mas e se eu me frustrar?

Não pode haver dúvidas! A dúvida é o oposto da confiança e ela trava o processo de manifestação. Nesse momento, você tem que visualizar, confiar, ter fé. Visualizar em sua tela mental o que deseja realizar com riqueza de detalhes e sentir como se já fosse real! Então todo questionamento "e se..." simplesmente desaparece. Foi assim que meus sentimentos de dúvida desapareceram, pois para mim já era real que eu teria aquele dinheiro para comprar o MacBook, estaria comprando-o e indo para casa com ele. Foi isso que me fez continuar agindo "como se", e continuei a conversa com o atendente, perguntando quais eram as formas de pagamento. Naquela hora, já comecei a agir como se estivesse indo pagar.

"Ok, vou querer este." Senti que deveria agir como se estivesse indo para o caixa finalizar a compra e assim o fiz. Fiquei na fila e, quando estava perto de chegar no caixa, fechei os olhos, então criei o teatro mental dos últimos detalhes: eu tirando o meu cartão da bolsa, passando na máquina de cartão no caixa e pegando a sacola com meu MacBook dentro. Lembro-me do rapaz que estava na minha frente e tirou o cartão American Express da carteira para pagar as compras dele. "Um dia terei esse cartão também", afirmei. Aquele rapaz estava passando mais de trinta mil reais em compras, e comecei a me sentir cada vez mais próxima disso, agindo como se eu estivesse indo passar o meu cartão também. Chegando no caixa, interrompi o teatro mental, pois ainda não era hora de comprar, então apenas disse ao atendente: "Aconteceu um imprevisto e vou ter que sair, mas em breve eu volto".

Muitos poderiam se sentir mal com essa atitude. "Ai, que bobo!", "Ai, para que essa encenação?", "Ai, mas eu vou me sentir constrangida", as pessoas podem dizer. Mas agora eu te pergunto: Por quê? Se você tem confiança de que vai dar certo, por que se sentir mal em já ir agindo como se fosse no dia que deu certo? As pessoas têm muitas crenças limitantes, sentem-se bobas, sentem-se mal, mas isso deve ser quebrado! Quando você se permitir agir mesmo que de brincadeirinha, vai ver que aos poucos esse faz de conta, que nada mais é do que um pensamento poderoso, vai se tornar realidade.

Dito e feito! Menos de um mês depois eu estava de volta na loja para efetivamente comprar o MacBook. Passei horas e horas no interior daquela loja vendo não só o MacBook, mas também os iPhones, os relógios, os tablets... A iPlace é uma loja que me conecta com a abundância. O *design* da loja é lindo, os atendentes te atendem bem, você só vê produtos com *ticket* maior, todos com uma apresentação linda; e ainda relembra a história do Steve Jobs, que também teve que acreditar nele mesmo para transformar todos aqueles pensamentos em realidade. Você já pensou que toda a Apple também começou por meio de um pensamento?

Lembro-me de que na hora de ir pagar deu até erro no meu cartão, porque o que eu tinha era um cartão universitário, o que impedia que valores grandes fossem passados! Rs. Assim, tive que ir sacar parte do valor para conseguir fazer o pagamento. Eram dezenas e dezenas de notas de R$ 50,00 que carreguei na minha mochila, toda cuidadosa para não caírem. Antes de ir finalizar a compra, também passei no banheiro do shopping e segurei as notas na mão, com certo receio de ser vista e alguém achar aquilo uma loucura, mas essa atitude me trouxe um sentimento de abundância muito grande! Eu poderia ficar com o pensamento: *Você sacou todo teu dinheiro da conta poupança! Todo dinheiro que você tinha guardado. E se te faltar?!?* Mas, na realidade, eu só conseguia pensar: *Vai ser uma compra inteligente. Esse MacBook vai me trazer ainda mais produtividade e em poucas semanas já terei recuperado o valor que investi.* E aconteceu exatamente assim, pois acordei mais empolgada para trabalhar, tive novos insights usando o MacBook, dobrei minha produtividade – óbvio que não foi mérito apenas do MacBook, mas também da minha empolgação com ele –, e em poucas semanas já havia conseguido o valor de volta e ainda fechado novas oportunidades de ganhos financeiros.

A lei da atração não falha! Eu agi "como se", confiei, mentalizei e não fiquei presa no "e se...". Eu me conectei com o sentimento de abundância e saí do sentimento de escassez. Você pode fazer isso com tudo na sua vida. Para MacBook, iPhone, apartamento, carro, casa... Se você conseguir se conectar, acredite porque vai dar certo! Já é real! Aliás, você já parou para pensar que o caro e o barato são relativos? Isso tudo depende do valor que estamos dando para aquilo que buscamos. Não existe caro nem barato. Existe a sua percepção mental acerca do que está buscando. Fui colocando na minha mente que os mais de doze mil reais que custava o Macbook que comprei eram bem pouquinho; vai ser apenas como se fosse o lanche da escola, um jantar, pensava. E temos que fazer esse mesmo processo com outras coisas, por exemplo, se um imóvel custa um milhão de reais, temos que imaginar que esse valor é pouquinho também. É uma técnica mental, que na época utilizei de forma intuitiva.

Mente escassa *versus* mente abundante – entenda como funciona o seu mastro

Lembre-se sempre de conectar a sua mente com a abundância, pois a sua real sacada não é a quantidade de dinheiro que você tem, é o quão abundante você consegue ter a sua mente. A mente escassa é aquela que vai estar sempre na busca de economizar, que vai sempre achar que não poderá comprar aquilo, que vai chegar no supermercado e não se importar que a diferença de preço de um sabonete para o outro seja de R$ 1,00, pois vai sempre pegar o mais barato. Ela tem medo de que falte dinheiro. Ela tem medo de que não consiga tal coisa. Já a mente abundante confia que vai conseguir, ela se dá o merecimento de comprar a coisa mais cara; em vez de afirmar: "Não posso comprar isso", ela questiona: "Como eu poderei comprar isso?", "Que atitudes eu posso ter?", "Como eu posso comprar isso daqui a um mês?". Então ela não se vitimiza e procura soluções, pois sabe que, se não pode comprar no momento, ela vai poder comprar depois.

* * *

Depois de ler este capítulo, realize a seguinte atividade prática: toda vez que você for a uma loja, seja para comprar um notebook, um smartphone, um carro ou uma bolsa, e você achar que o valor é muito caro e quiser muito esse bem material, ou uma oportunidade, uma viagem, uma experiência, não afirme mais: "Não posso comprar porque é caro". Em vez disso, afirme: "Em breve irei comprar. Em breve irei comprar. Em breve irei comprar". Isso vai fazer você acreditar cada vez mais, e não significa que você vai sair gastando todo o seu dinheiro. Você simplesmente irá mudar sua mentalidade, pois vai olhar para algo e dizer que opta por não comprar, e não que você não pode comprar.

Torne suas velas POSITIVAS...

Meu pai me ensinou a ser uma pessoa positiva, eu via pelo próprio exemplo dele. Sempre que saía de carro com ele, ele afirmava que ia encontrar um lugar para estacionar e que a vaga o estaria esperando assim que ele chegasse ao local. E era exatamente isso que acontecia: quando chegávamos ao local, a vaga sempre estava lá esperando ele, não importa o quão lotado estava antes. Tinha vezes que bastava ele chegar, e algum carro dava sinal de que estava saindo, liberando a vaga para ele. Era incrível! "Sempre dá certo", ele afirmava.

Já minha mãe, nesse ponto, era um pouco mais pessimista. Ela saía de casa já com o medo de não encontrar vaga. "E se eu não encontrar?"; "Acho que não terá lugar pra estacionar"; "E agora?" E era o que acontecia também 99% das vezes. Chegávamos ao local e realmente não tinha lugar para estacionar.

Será que era coincidência?

Pelo menos meu pai ensinou minha mãe a ser mais positiva com o tempo. Considero que ela mudou bastante.

Você deve treinar a sua positividade em coisas simples do dia. Não espere ser positivo só quando te convém quando, por exemplo, você precisa passar em alguma prova ou deseja atrair algo pela lei da atração. Treine a sua positividade dia após dia. Encare as coisas de uma maneira positiva que sua vida irá se transformar.

Sempre irão existir duas maneiras de encarar qualquer coisa: a positiva e a negativa. A positiva sempre vai te dar mais ânimo, disposição e energia; já a negativa sempre diminuirá a sua energia e atrapalhará a sua navegação.

Você pode perceber que toda pessoa negativa tem um problema para cada solução. Para cada solução que você apresenta, a pessoa negativa traz um novo problema.

Em vez de ela tentar achar uma solução, ela coloca um problema atrás do outro.

"Mas, Laari, eu gostaria de pensar positivo e não consigo! Os pensamentos negativos me dominam." Muitas pessoas me questionam isso.

Notas da Laari

Segundo a psicologia positiva, sua mente tem a tendência a ser mais negativa, então não se culpe por isso. O que você deve fazer é começar a treiná-la para ver o lado positivo das coisas. E quanto mais você treinar, mais começará a ver. Pensa aqui comigo... sabe quando você vai digitar uma palavra no Google e em poucos segundos já aparece a opção abaixo? Você digita "inst" e já aparece a palavra "Instagram"?

Isso é porque o Google te deu um atalho. Ele já quer completar a palavra pra você sem que você a digite até o final. A sua mente funciona da mesma forma: quando uma situação desafiadora aparece na sua vida, ela já vai querer pegar o atalho para fazer você vê-la pelo lado negativo. Porém, depois que você treinar sua mente e inverter a lógica, ela começará a pegar o atalho para ver pelo lado positivo. Por isso, insista!

O único momento em que você não deve usar de forma excessiva a positividade é para negar uma realidade de obstáculos ou fugir de um desafio, achando que as coisas vão se resolver por conta própria porque "basta pensar positivo". Há uma grande diferença entre ser positivo e ser alienado. Tem pessoas que são alienadas a ponto de sempre acharem que algo mágico vai acontecer em suas vidas. Que quando tudo está um caos alguém vai chegar e resolver tudo pra elas. Que nos momentos em que elas estão se sentindo no fundo do poço vai chegar alguém, estender o braço e fazer tudo para elas saírem de lá, como um milagre. Eu penso que milagres existem, sim, porém apenas quando a pessoa se dispõe primeiro a ser o próprio milagre. Não há milagre sem ação. Não há milagre vivendo na alienação.

Use o pensamento positivo para ser seu aliado, e não para te tornar um alienado.

DESAFIO da **LAARI**

O desafio do capítulo é pra te tirar do conforto, capitão! Aja como se...

Pense agora naquilo que você quer, no pensamento que você quer que se torne realidade no seu momento atual de vida.

É ser um empresário de sucesso? É palestrar? É comprar sua própria casa? É ter um valor na conta?

Crie uma ação representando que você já tenha alcançado isso, agindo como se.

Por exemplo, se você deseja muito um carro e ainda não tem, finja todos os dias que está indo a garagem com o controle dele na mão, visualizando ele estacionado naquela vaga.

Se você deseja ser um empresário de sucesso, acorde colocando aquela roupa que você estaria usando, simule reuniões com a sua equipe.

DESAFIO da **LAARI**

Se você tivesse milhões na sua conta, estaria investindo ou gastando no que? Visite lojas e aja como se estivesse indo comprar aquilo que você mais deseja...

Você pode se inspirar no meu conselho de R$5.000 reais também. Use sua criatividade!

Após cada teatro "aja como se" repita "já é real!" com força, fé e convicção de que realmente já é realidade.

Uma bússola, uma âncora, velas ajustadas e mastro testado. Mas talvez visualizar o trajeto possa te ajudar a ter mais clareza no caminho. Acho que tenho a solução: que tal se você construir um MAPA?

MAPA DOS SONHOS
TRABALHO
FAMÍLIA
VIAGEM
DINHEIRO
RELACIONAMENTO

8
O MAPA

Todo navegante sai do Porto sabendo qual é o próximo ponto em que deseja ancorar o seu navio. Para isso, ele usa algumas ferramentas: uma bússola, uma âncora e um MAPA.

Sair do Porto sabendo aonde quer chegar não permite que as distrações do caminho desviem a rota. Colocar sua embarcação, que é a sua mente, no mar da realidade sem saber o destino, pode prejudicar e atrasar muito sua travessia.

E é aí que entra uma das ferramentas mais potentes de visualização, capitão: **O MAPA DOS SONHOS!**

Assim como o mapa-múndi revela de forma detalhada e ilustrada uma perspectiva do mundo, auxiliando tanto o capitão de um barco quanto um operador de GPS que quer chegar em determinado destino, o mapa dos sonhos guiará você para o seu objetivo, o seu destino; aquilo que está detalhado e ilustrado já tem a forma real no presente, você só precisa chegar lá.

Assim como o mapa usado pelo capitão para ver todas as possibilidades de destino e mirar aonde ele quer ir, saiba que o Universo é como um catálogo com infinitas possibilidades e você coloca nele, por meio de imagens, aquilo que você deseja pra sua vida.

O mapa dos sonhos é uma ferramenta poderosa, constituída por imagens claras que representam seus sonhos, e que auxiliará na sua conexão com o Universo e na visualização dos seus desejos.

Tudo começa na mente, portanto tudo que você enxerga ao seu redor antes esteve na mente de alguém. O pensamento é o primeiro passo para a realização. É necessário ter clareza das suas metas e sonhos já realizados em sua mente, afinal você enxerga o protótipo do seu sonho, por meio de imagens, antes de ele tomar forma no mundo físico.

Por isso, fazer o mapa dos sonhos é ter um potencializador em suas mãos. É como ter um GPS e mostrar ao Universo de forma clara tudo que você deseja alcançar.

"Mas, Laari, não basta apenas escrever meus sonhos? Eu preciso ter imagens deles?"

A escrita é uma ferramenta poderosa, porém a representação por imagens é mais ainda. A mente inconsciente, que se comunica diretamente com o Universo, é puramente visual; assim, o mapa vai auxiliar a fixar a imagem do seu sonho em sua mente consciente e inconsciente, facilitando, assim, com que você os relembre com mais facilidade, tome decisões baseadas neles, acredite com maior convicção que eles se realizarão e se mantenha firme na navegação, até que se realizem. Afinal, como em um mapa, aquilo é uma ilustração do que já existe, do que É REAL!

Ao observar imagens que representam seus sonhos, seu estado vibracional torna-se positivo e harmonioso, potencializando o seu poder de atração.

Lembrem-se: a chave da lei da atração é o sentimento. O sentimento magnetiza. E o mapa é uma das ferramentas que vai te ajudar nessa jornada, pois sua mente é visual e, no momento que você vê os seus sonhos por imagens, você gera uma emoção muito maior que te guiará em direção a eles.

Se você ainda pensa que essa ferramenta não é para você, eu te digo com propriedade, capitão: qualquer pessoa na face da Terra pode usar esse mapa como ferramenta para potencializar a conquista dos seus sonhos.

Como eu descobri o mapa dos sonhos?

Tudo começou quando descobri essa ferramenta lá em 2019 e comecei a aplicar em minha vida. No início pensei que era algo bobo e infantil, porém, com o tempo, fui percebendo como realmente funciona.

Quando criei o meu e coloquei na parede bem em frente à minha cama, comecei a perceber que, toda vez que eu acordava e olhava para ele, eu adquiria mais clareza e entusiasmo para agir e trabalhar. De tanto passar na frente dele, as imagens foram ficando no meu subconsciente e em vários momentos do dia, em que eu tomava consciência de alguma oportunidade ou de algum detalhe que antes era imperceptível, eu conectava logo às imagens do mapa dos sonhos.

Este próprio livro que vocês estão lendo estava no meu mapa dos sonhos. Então, toda vez que eu acordava e olhava pra ele, duas coisas aconteciam: eu relembrava o sonho e lembrava que deveria agir em direção a ele e também deixava cada vez mais claro esse meu sonho ao Universo, quando emanava o sentimento de que iria realizá-lo e de que ele estava conectado ao meu propósito. E assim... tudo conspirou para acontecer. Com a clareza e a intenção que joguei, as pessoas certas apareceram. A Milene Conte, filha de Marcial Conte, editor da Citadel e tradutor do livro *Mais esperto que o diabo*, me seguia no Instagram e entrou em contato comigo me perguntando se eu tinha interesse em escrever um livro.

Eu respondi que sim, marcamos uma reunião e assim descobri que a editora representava os direitos e era responsável pela publicação de toda a obra de Napoleon Hill, um dos meus maiores ídolos, que fez toda diferença em todo meu processo de mudança de mentalidade.

Não foi coincidência. Na verdade, nada é coincidência. Quando você sabe o que quer, reforça por meio de afirmações e imagens, gera a emoção e começa a vibrar na frequência do seu sonho, tudo conspira para que ele se realize. As pessoas certas cruzam seu caminho, as oportunidades ficam mais evidentes, várias situações começam a dar certo.

"Os sinais são para todos, mas nem todo mundo consegue ver."

Por isso, é essencial que você aguce a sua intuição após fazer o mapa, para que você fique mais atento às pessoas e oportunidades passando à sua volta. Muitas vezes você está buscando-as do outro lado do oceano, nos navios bem distantes, enquanto elas podem estar ali... na mesma embarcação que você.

Minhas realizações pelo mapa dos sonhos foram intensas e memoráveis. Eu conquistei diversas coisas como: faculdade, a placa do Youtube de 100 mil inscritos, baile da Vogue, parcerias do Instagram, viagens, selo do Instagram, macbook, iphone, apartamento.

MAPA ANTES

MAPA COM AS REALIZAÇÕES

Porém, uma que me marcou bastante foi o selo de verificação do Instagram. Eu queria muito ser verificada, porque, principalmente naquela época, o selo de verificação simbolizava autoridade, credibilidade, e para mim simbolizaria reconhecimento do meu trabalho. Eu via vários famosos com o selo e determinei que também iria ter.

A verificação de contas do Instagram é um mecanismo criado para dar credibilidade a contas de pessoas públicas, empresas ou alguém considerado notável pela rede social.

Eu havia passado essa tarefa para a minha assistente daquela época, a Milena, verifiquei o passo a passo de como solicitar o selo e deleguei pra ela ir atrás. Ela me atualizava em alguns momentos da semana, se o Instagram havia respondido ou não. Eu nem questionava, porque confiei que iria dar certo e era só questão de tempo. Ou seja, soltei para o Universo e apenas segui minha rotina normal, sem ficar pensando muito nisso.

SOLTAR PRO UNIVERSO

Soltar, neste contexto, significa ter fé. É crer antes de ver.

Soltar é largar todo o controle, toda expectativa, toda ansiedade e deixar com que tudo flua da melhor forma.

Soltar é deixar com que tudo aconteça como deveria acontecer, mesmo que não seja exatamente como você espera.

É ter a certeza de que se o que você quer não for realizado, algo melhor para sua fase vai acontecer. É não ter preocupação ou dúvidas. É viver como se o que você quer já estivesse presente na sua vida. Soltar é confiar! Confie!

Até que certo dia eu me incomodei com uma situação que aconteceu no Instagram. Por meio de uma crítica, meu emocional ficou um pouco abalado e por alguns minutos eu me questionei sobre o meu trabalho. Não nego, em alguns momentos isso acontece. Mesmo que a gente se blinde contra as críticas, não estamos isentos de nos ferir, e está tudo bem. Podemos fazer o máximo para nos fortalecer, mas somos humanos e é normal que a gente se chateie com algumas tempestades; e acredite, capitão, existem coisas que somente a tempestade é capaz de nos ensinar.

Acontece que, bem no dia seguinte, o Universo me surpreendeu. Acordei sentindo uma vibração boa, meu corpo inteiro estava vibrando e comecei o dia com um sentimento incrível de gratidão. Foi como se eu tivesse emanado o sentimento antes mesmo de receber.

Quando abri o Instagram, para a minha surpresa (ou não), estava lá: o selo de verificação. O selo que eu havia colocado no mapa três meses atrás. E acordava todos os dias já acreditando que em breve estaria no meu.

Lembro do meu sentimento como se fosse ontem. Foi um sentimento de "wowww, consegui" misturado com "wowww, eu já sabia!". Sim, eu já sabia que iria conquistar. Eu senti a emoção antes mesmo de ver o selo, eu visualizei, mentalizei, acreditei, vibrei e soltei. O resultado não poderia ser diferente.

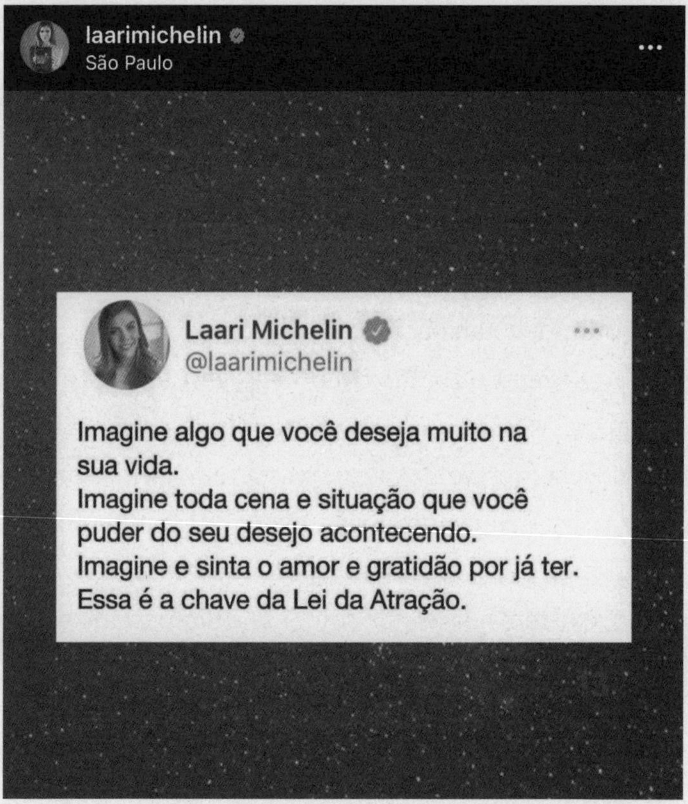

Porém, o mais interessante foi que ele veio logo após um dia que me questionei a respeito do meu trabalho, se eu estava no caminho certo ou não.

Coincidência? Não. Mais uma vez, o Universo me mandou um sinal. "Continua, vai em frente, você está no caminho certo! Segue seu propósito, a sua ideia fervente."

Notas da Laari

Deus e Universo são a mesma coisa?

A lei da atração, Deus, Universo caminham juntos...

Você pode acreditar que Deus e Universo são diferentes ou que são apenas UM, e está tudo bem; veja o que faz mais sentido pra você. O que faz mais sentido pra mim e que eu levo pra minha vida é que Deus e o Universo são um só. Não é uma verdade absoluta, é o que faz sentido para mim.

Deus é a energia que rege o mundo e tudo que há nele.

Está tudo interligado, inclusive todos os códigos sobre a lei da atração (pensar/sentir/agir/crer/agradecer) estão na Bíblia.

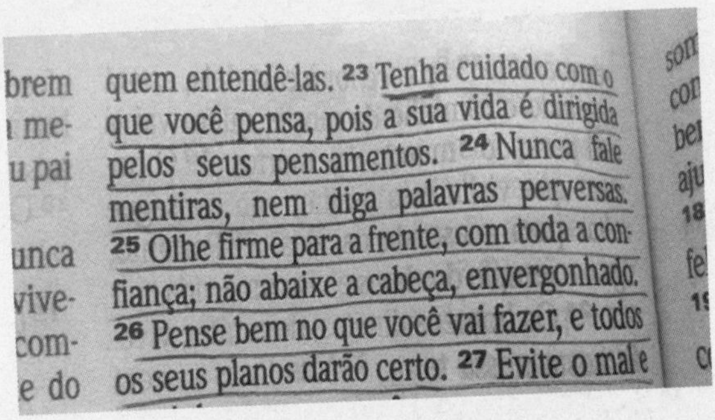
quem entendê-las. 23 Tenha cuidado com o
que você pensa, pois a sua vida é dirigida
pelos seus pensamentos. 24 Nunca fale
mentiras, nem diga palavras perversas.
25 Olhe firme para a frente, com toda a con-
fiança; não abaixe a cabeça, envergonhado.
26 Pense bem no que você vai fazer, e todos
os seus planos darão certo. 27 Evite o mal e

(Pr 4, 23-26)

Como o mapa dos sonhos me ajudou nisso? Eu visualizava todos os dias o selo no meu mapa dos sonhos. E pra mim já era real. A imagem me proporcionava mais clareza e se aproximava mais da realidade. Bem diferente do que se estivesse escrito apenas "selo do Instagram". A imagem tornava aquele desejo mais real. O mesmo vale para uma viagem que você deseja fazer, por exemplo, ir para Paris.

Olhe para estas duas imagens e me responda: qual te traz mais emoção? A da Torre Eiffel, certo? É sobre isso!

As minhas outras conquistas seguiram a mesma lógica. Eu olhava para as imagens de lugares que eu queria visitar, como Jericoacoara, Maragogi, Ushuaia, Pipa... e sentia a emoção. Já me imaginava chegando lá, tirando fotos. Sobre parcerias, eu olhava e imaginava eles entrando em contato comigo e me mandando os produtos. Visualizar as posições invertida e kákasana, por exemplo, me inspirava a dar o meu melhor no treino de ioga.

Aos poucos eu ia ganhando mais força e, na hora de realizar a posição, a imagem exata que eu visualizei no mapa dos sonhos vinha em minha mente, o que facilitava em 90% a execução.

O corpo dos sonhos que mantive em meu mapa por pelo menos um ano me inspirava a dar o meu melhor todos os dias e, quando eu menos esperava, estava com aquele corpo ou até melhor. Acreditem, funciona em milhares de situações!

O mapa é o seu trajeto, o seu caminho e o seu destino, tudo junto, de forma visual. Um planejamento e uma ilustração da sua ideia fervente.

Construí-lo é desafiador, mas é muito animador, pois te fará conhecer o caminho, antes mesmo de tirar o seu barco do porto. E esse será o Desafio da Laari. Chegou a hora de você montar o seu próprio mapa dos sonhos!

Nas próximas páginas, você terá toda a instrução e o passo a passo para construí-lo. Vamos nessa?

MAPA DOS SONHOS PAR (PENSAMENTO À REALIDADE)

1. Faça uma lista de todos os seus sonhos

A primeira chave para navegar é você pensar sobre o que você quer para sua vida. Pense na sua ideia fervente. Sinta a sua ideia fervente. Pense em tudo que estiver conectado a ela. Aonde você quer chegar? Qual realidade você quer alcançar?

Esse pensamento vem de onde? Da mente? Do coração?

Tire um momento, reflita sobre isso e anote todos os seus objetivos.

É importante anotar, pois você estará dando forma ao pensamento. Deixar apenas no plano mental pode soar muito abstrato e muitas vezes gerar confusão. Quando você transcreve pensamentos em palavras, a ideia ganha mais sentido. Por isso, faça um *brainstorming* de todos os seus desejos e vá anotando, sem filtros e julgamentos.

Caso você ainda não tenha muita clareza, eu te proponho o seguinte exercício:

Faça a você mesmo a seguinte pergunta: "Em um mundo onde tudo é possível, o que você gostaria de ser? Que vida gostaria de ter? O que estaria fazendo neste exato momento? Qual profissão você estaria exercendo? Em qual cidade moraria? Como seria a sua vida?". Anote todas as respostas em um papel, sem julgamento, e foque nas que fazem o seu coração vibrar.

Lembre-se: se os seus sonhos não te dão frio na barriga, eles não são grandes o suficiente. Se você sente frio na barriga... isso é um ótimo sinal. Se não sentiu, volte a sonhar! Sonhe grande! O trabalho entre sonhar pequeno e sonhar grande é o mesmo.

Antes de realizar esse exercício, sugiro ainda que medite. A meditação traz ainda mais clareza, aflora a intuição, te conecta com a sua essência e com o seu verdadeiro Eu, o que facilita ao responder a todas as perguntas acima.

2. Separe alguns itens

Agora que você já sabe o que quer alcançar é hora de começar a montar o seu mapa dos sonhos; para isso, você precisará dos seguintes materiais:

- 1 Cartolina
- 1 Tesoura
- 1 Cola

As imagens impressas e coloridas dos seus sonhos (você pode buscar as imagens no Google ou no Pinterest e também fazer montagens).

A montagem é poderosa, pois torna o seu sonho ainda mais real. Você pode, por exemplo, fazer uma montagem do saldo bancário que você deseja ver na sua conta, do seu nome na lista de aprovação do concurso ou vestibular, de você em uma cidade que deseja muito visitar e por aí vai. Use e abuse da sua criatividade, tornando aquele seu sonho em formato de imagem cada vez mais real.

3. Prepare um dia ideal para montar

É importante que você faça a montagem em um dia em que esteja se sentindo entusiasmado e confiante. De nada adianta fazer se você emanar negatividade e duvidar que aqueles desejos que você listou vão se realizar. Se esse é o seu pensamento, o mapa não é pra você. Um capitão jamais vai sair de uma embarcação se não acredita que vai chegar ao seu destino, certo? O mesmo vale para você e seus objetivos. Tudo que você colocar no mapa você deve ter a plena convicção de que irá alcançar.

Também recomendo que você faça em lua nova, pois essa fase representa o nascer de um Novo Ciclo e a energia estará muito mais favorável.

4. Montagem do Mapa

Chegou a hora de você montar o mapa, capitão. Na hora de montar, escreva no centro da cartolina o seu nome completo e a sua data de nascimento. Após isso, você vai colar as imagens bem distribuídas. Sinta-se livre para colar o que quiser e na ordem que quiser, contanto que todas fiquem bem visíveis.

5. Visibilidade do Mapa

Coloque o mapa dos sonhos em um lugar que você lembre de ver todos os dias. Quanto mais você visualiza, mais aquelas imagens vão ficando no seu inconsciente.

Caso você more com mais pessoas e se sinta desconfortável de outras pessoas ficarem vendo o seu mapa, pode guardá-lo dentro do seu guarda-roupas e pegá-lo em um momento do dia para visualizar.

Lembre que não é obrigatório que você veja o seu mapa todos os dias, principalmente se isso te causa ansiedade. Não é a quantidade de vezes que você vê o mapa que fará a diferença, mas sim o quanto você consegue registrar as imagens do mapa em sua mente, colocar a emoção necessária, acreditar que vai se realizar e se mover em direção a isso.

Quando eu criei o meu, deixei bem em frente à minha cama e o via todos os dias. A primeira coisa que eu fazia era ver o mapa logo pela manhã. Isso me fazia (e ainda faz) bem. Você deve encontrar a maneira que mais funcione pra você.

6. Acredite que tudo já é real e sinta a gratidão

De nada adianta criar um mapa dos sonhos se você não acredita fielmente que tudo aquilo um dia se tornará real.

Essa é a chave da técnica: acreditar, sentir e agir como se tudo fosse real agora, e emanar a gratidão por isso. A gratidão eleva a sua frequência e aumenta o seu poder de realização. Então, em vez de olhar para o seu desejo e pensar "nossa, como vou ser grato(a) quando isso acontecer", inverta a lógica: sinta a gratidão como se aquele desejo já tivesse acontecido no aqui e no agora. Isso é um treino e com o tempo vai se tornando mais fácil.

Escreva em algum dos quatro cantos do mapa dos sonhos a frase JÁ É REAL, com caneta forte e colorida. A sua visão ao olhar o mapa dos sonhos não deve ser de "um dia talvez isso aconteça", "ainda está distante", mas sim de "já aconteceu, já é real!".

Quanto mais você repetir esse mantra, mesmo que inicialmente não acredite tanto, mais você estará acreditando ao longo do tempo. É o "fake it until you make it" aplicado no mapa também.

7. Aja!

Ter um mapa completo, com todo o trajeto e rico em detalhes sobre o destino não te colocará lá se você não se movimentar, certo? Imagina que o capitão quer muito ancorar em uma ilha paradisíaca no meio do oceano, ele já sabe todo o caminho, mas não movimenta a embarcação para chegar lá. Não vai adiantar muita coisa, concorda?

O mapa dos sonhos segue esse mesmo princípio. Tê-lo rico em detalhes, bem construído e bem posicionado na sua casa para que você olhe todos os dias é muito importante, mas não te colocará nos seus objetivos se suas AÇÕES não forem direcionadas para eles. Você não sairá do lugar se não AGIR!

"Mas, Laari, eu ainda não sei exatamente como agir para realizar tudo isso".

Lembre-se de duas coisas:

1. Mais importante do que COMO é O QUÊ. Se você tem em mente o que quer, coloca fé o suficiente e joga ao Uni-

verso, pode ter certeza de que ele te ajudará no como. Porém, não adianta ficar parado. Você precisa agir. É na ação e no movimento que as respostas começam a aparecer. Ficar na inércia não te levará a lugar algum.

2. Você deve usar a sua intuição. Sua intuição é uma sabedoria que parte de dentro pra fora. É um tipo de inteligência intrínseca, que faz parte de nosso interior. Ela não tem filtros de paradigmas e crenças externas, ela é você, sua essência. Nela há informações muito valiosas.

A sua intuição tem acesso a uma biblioteca infinita, ela sabe de TUDO.

Conectar com a sua intuição é o maior poder que você tem hoje. Ela sabe qual é o melhor caminho para você a todo momento.

A sua intuição é sábia, pois ela vê o que os seus olhos não conseguem enxergar.

A sua intuição é a sua essência, o seu Eu superior, a sua mônada, o seu guia ou o que você quiser chamar.

Fique atento aos sinais:

Peça a Deus para te ajudar. Peça sinais ao Universo e fique atento a eles. Você não está sozinho, acredite.

8. Use suas âncoras!

Olhe para o mapa, visualize todos os seus desejos se tornando reais e crie a âncora que foi ensinada no Capítulo 6. Pode ser uma palavra, um som, uma imagem mental. Pode inclusive ser o "já é real". Repita o mantra pelo menos três vezes ao longo do dia. Quando estiver enfrentando uma tempestade muito forte, repita a âncora e reforce-a cada vez mais.

Sinta-se livre para acrescentar coisas à estratégia de mapa dos sonhos PAR. Eu te passei a base, mas você deve ir sentindo e adaptando conforme a sua intuição e realidade. É tudo uma questão de ter estratégia para aumentar o seu nível de entusiasmo e melhorar as suas visualizações. Não espere para fazer o mapa. Comece hoje!

9. Esteja aberto à mudança de rota

Mas e se, no meio do caminho, você analisar mais uma vez o mapa e descobrir que aquela rota que você estava seguindo para chegar ao seu destino até está certa, mas não é a ideal? Às vezes você está precisando fazer um esforço muito grande para se manter nela, sendo que o vento virou para outra direção, e redirecionar as velas talvez seja a melhor opção.

O que não deve mudar é o destino, a ideia fervente, mas o caminho? Ah, o caminho é ajustável, capitão. Esteja aberto às mudanças, a novas ideias. Confiar no fluxo das coisas e soltar para o Universo também é saber usar as condições a seu favor, e não esperar a condição perfeita e exata para navegar.

O Universo é cíclico. Confie nesse fluxo.

O mapa dos sonhos pode ser o mais acessível e viável a você. Não precisa se limitar ao mapa físico.

Outra possibilidade é criar uma conta privada no Instagram e colocar lá todas as imagens que remetam aos seus sonhos, ou até mesmo pegar essas imagens e deixar em um álbum no celular.

Outra coisa que gosto e faço muito é deixar passando na TV viagens, casas luxuosas, carros...

Essas imagens vão entrando no meu inconsciente mesmo que eu não esteja focada prestando atenção.

São diversas possibilidades para você usar as imagens a seu favor, seja de forma física ou virtual. O importante é sempre estar em contato com essas imagens.

De bônus para você eu montei uma conta no Instagram com fotos e vídeos inspiradores, que você pode usar para montar o seu.

Acesse pelo QRCODE

@mapadossonhosPAR

DESAFIO da **LAARI**

O desafio do capítulo não é nada mais nada menos do que montar o SEU mapa dos sonhos, capitão!

Siga o passo a passo e, quando finalizar, se você se sentir à vontade, tire uma foto e me envie no direct @laarimichelin e/ou poste nos stories com a tag #mapadossonhosPAR.

Já é real!

Já é real
TRABALHO
FAMÍLIA
MAPA DOS SONHOS
VIAGEM
DINHEIRO
RELACIONAMENTO

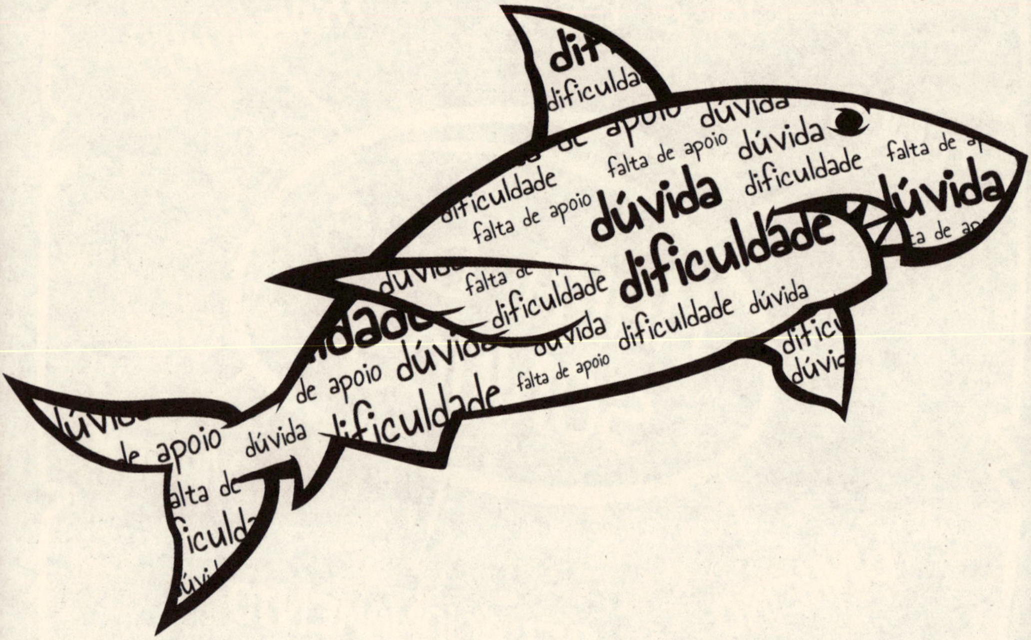
dificuldade
dúvida
falta de apoio

9 NO MAR TAMBÉM HÁ TUBARÕES...

Você pode não estar preparado, mas durante a sua travessia poderão aparecer alguns tubarões, que irão dificultar a sua viagem. Ou não. Esses tubarões poderão te tornar mais resiliente e te gerar força para chegar lá mais rápido. Mais uma vez, eu descobri que não é sobre o que te acontece. É sobre o você faz com aquilo que te acontece.

O ano de 2020 marcou o mundo todo com a chegada da pandemia de coronavírus. Em meio a tanta tristeza e incerteza no mundo, tivemos que aprender a nos isolar e manter o distanciamento social. Eu vinha de uma sucessão de conquistas, evolução constante e cada vez mais preparada para seguir aplicando a lei da atração em minha vida, quando aconteceu a polêmica do "tá tudo na mente".

Acredito que você deva se lembrar de que, antes de ser decretada a quarentena, uma espécie de loucura generalizada se instaurou: notícias indo para cá e para lá e pessoas cada vez mais preocupadas, ansiosas e angustiadas discutiam sobre o que estava acontecendo. Foi então que, exatamente nessa época, fiz alguns stories para falar da importância do pensamento positivo. Queria incentivar meus seguidores a evitar os noticiários – que, naquele momento, apesar de informarem sobre tudo, também estavam bombardeando a população com informações sobre números de infectados e centenas de mortos – para que não se expusessem a coisas ruins; meu foco sempre foi conscientizar sobre o cuidado com a nossa imunidade, evitando atrair emoções negativas para nós.

Foi uma época muito difícil e desafiadora para todos nós; tivemos que nos adaptar, estabelecer uma nova rotina, e eu não fiz diferente, segui fazendo essas mesmas coisas e trabalhando muito. Até que, para a minha surpresa, cerca de dois meses depois, parte desses stories que havia feito, na realidade apenas prints, saíram no Twitter de forma um pouco distorcida, como se eu estivesse afirmando que a cura da Covid-19 seria alcançada apenas por meio do pensamento positivo, afinal "tá tudo na mente".

A partir daí, o efeito veio em cascata. Dias depois, esses prints estavam em vários sites de fofoca, contas de memes do Instagram, e com isso eu recebi uma enxurrada de críticas, muitos comentários negativos, uma série de ataques e inúmeras pessoas debochando de mim. Que pesadelo! Eu me lembro de que, no dia em que aconteceu isso, eu me abalei; é óbvio que isso me afetou. É óbvio que eu fiquei um pouquinho mal, porque queria contribuir para melhorar a vida das pessoas. Jamais quis fazer algum mal, e nunca espalharia *fake news*, ou informações distorcidas.

O que é isso!? O que tá acontecendo!?

Naquele momento, eu cheguei a me questionar se eu estava no caminho certo do meu trabalho, e confesso que isso me deixou bem chateada na hora, sabe? Essa é uma daquelas situações que enfrentamos na vida que nos tiram do eixo momentaneamente, são provas de fogo para testar nossos limites e nossa força. Dias depois eu comecei a pensar:

Naquele momento vieram sentimentos ruins, mas o que que eu posso fazer para transformar essa situação ruim numa situação boa, o que eu posso tirar de proveito dessa situação?

"Não há limão azedo que não possa ser usado para fazer uma boa limonada"

Antes de ter acontecido esse episódio do "Tá tudo na mente", na realidade eu já estava há alguns meses idealizando um projeto. A ideia era fazer um projeto que impactasse a vida das pessoas positivamente, no qual fosse mostrado para elas o poder da mente, o poder do pensamento positivo, o poder da lei da atração, mas ele estava apenas na minha mente. O fato é que eu estava procrastinando, deixando para depois. Sabe quando a gente começa com aquela história de "amanhã eu faço", "na semana que vem eu começo", e nunca parte para a ação? Aquele projeto nunca tomava uma forma porque simplesmente eu não estava colocando energia nele.

Agora o que acontece quando há uma liberação de energia? Criação! Naquela época de toda a polêmica que foi gerada a partir de recortes da minha fala, tive um momento de raiva, de questionamento, de dúvida, de angústia. Mas em vez de usar essa energia de maneira negativa, eu simplesmente a transformei em algo positivo, canalizei essa força para a criatividade e daí afirmei: "É agora que eu vou fazer esse projeto acontecer! É agora que eu vou colocar em prática o que estava desenhando em minha mente. Eu vou usar essa situação pra me dar o gás de que preciso para fazer esse projeto ser uma realidade!".

Do pensamento à realidade está sempre ligado à ação, ao uso da nossa energia, da nossa vibração para que as coisas aconteçam em nossa vida. E mesmo que algo em um primeiro momento aparente ser muito ruim, temos a capacidade de treinar a nossa mente para transformar uma dor em uma verdadeira força.

Então, no dia seguinte àqueles momentos reflexivos que tive sobre o que estava acontecendo em minha vida, já parti para a ação. Comecei a tirar todas as minhas ideias da mente, coloquei no papel, no notebook, comecei a ler mais, estudar mais ainda sobre o assunto. Também chamei as pessoas necessárias para a realização desse projeto, e passei dias e mais dias muito dedicados a isso. Estava totalmente envolvida nesse processo, tanto que passei noites em claro para fazer isso acontecer. Depois de meses de esforço, de dedicação, de empenho, nasceu o **Treine Sua Mente**.

O Treine Sua Mente veio para mostrar que qualquer um é capaz de realizar qualquer coisa com o potencial da mente, e esse curso foi um marco tão importante em minha jornada por ter sido a comprovação de que nós sempre podemos transformar a nossa realidade, usando inclusive as adversidades como nosso combustível. Foi exatamente o que fiz com a polêmica que vivi. Quem pensava que aquele momento seria o fim da minha história, assistiu pouco tempo depois ao lançamento do meu treinamento, e sou muito grata até hoje a cada um que esteve envolvido naquela polêmica, a cada um que me criticou. Se não fossem essas pessoas, eu não teria recebido o gás necessário para criar esse treinamento. Se não fosse por tudo o que aconteceu, nem eu teria percebido a capacidade, a força mental que tenho para continuar cada vez mais realizando os meus sonhos.

Naquele mesmo ano agradeci do fundo do meu coração à pessoa que postou o print do "Tá tudo na mente" no Twitter, pois graças à ação dela pude reagir, dando forma a um projeto que impactou e transformou a vida de dezenas de pessoas, ajudando-as a mudarem a sua mentalidade, a acreditarem que são capazes de realizar os seus sonhos. Em vez de dezenas de mensagens de ataque, passei a receber dezenas de mensagens todos os dias de pessoas que se tornaram realizadoras a partir do meu treinamento.

Atrair seus desejos, seus maiores desejos pela Lei da atração, atrair tudo aquilo que está no Mapa dos Sonhos é possível a todo instante, porque é assim que as leis do Universo são regidas. Mesmo que o momento pelo qual você está passando seja o mais difícil, se você criar forças, se tornar antifrágil e for persistente, aquilo que você desejou vai chegar de alguma forma até você.

> *"A mesma água fervente que amolece o ovo, endurece a batata. É sobre do que você é feito, não das circunstâncias."*

Quando fui bombardeada, em vez de me afundar, tive cada vez mais vontade, garra e força para tornar o Treine Sua Mente cada vez maior. Eu segui o princípio do "Vai Mais" e continuarei dizendo a você para fazer o mesmo a cada novo desafio com que

Larii, fiz 18 anos (inclusive, junto com vc, dia 15 de janeiro) e olha oq eu ganhei, tava no meu mapa dos sonhos, e a foto que tava lá era dessa cor mesmo

Lari preciso te contaaaaar!
Fiz meu mapa dos sonhos!
Faço meu exercício diário focado em prosperidade entre outros e essa semana caiu em uma conta antiga minha 500 reais do tal do PIS, eu fiquei em choque pq eu não sabia que ia cair não sabia que isso existia nem olhava mais essa conta!
Por um acaso abri o meu App pra ver como estava meu financiamento e tal e estava lá estou passada
Meu marido que não acredita na lei ficou passaaadooo

Oiii maravilhosa, vim te contar sobre uma conquista. Estava no mapa dos sonhos e hj realizei esse desejo, mentalizei, visualizei por meses esse iPhone, e da noite pro dia tudo se encaminhou e eu consegui. Eu sobre acreditar é estar alinhado com o universo. Estou muito feliz por isso

E tu faz parte dessa conquista!! 🥰 😊 🚀

Laari! Hoje gostaria de vir aqui pra AGRADECER. Faz uma semana que fiz meu mapa dos sonhos. Coloquei nela uma imagem de dinheiro e venho mentalizando todos os dias que sou próspera, tenho dinheiro e sou grata por cada dia receber mais 💰. Hoje olhei o extrato da minha conta e recebi um dinheiro inesperado quanto às férias que não usufruí no meu estágio Logo pensei, OBRIGADA LAARI por me influenciar a fazer o mapa dos sonhos, está funcionando! Beijão, linda! Seguimos mentalizando e acreditando na força do Universo (sentir, pensar e agir). Como sou grata por ter te conhecido 💕 😘

Oiii Lari, queria agradecer por produzir tanto conteúdo bom, no início do ano eu fiz o meu mural do sonhos, e já consegue comprar o celular que eu havia colocado lá 😍 😍 😍

Você é inspiração 🖤

Essas fotos estavam no meu mapa no começo do ano, passei para o caderno pois consigo visualizar melhor... mas olha só. Vibrei a minha casa propria..

Se concretizou!

Laari gostaria de te falar que fiz meu mapa dos sonhos em outubro e estava desempregada desde maio, coloquei o emprego que sempre quis no mapa com a carteira de trabalho e coloquei em prática seus ensinamentos sobre a lei da atração, surgiu uma vaga em uma empresa conceituada aqui na minha cidade e na quarta - feira participei do processo seletivo e graças a Deus, ao universo e seus ensinamentos eu fui selecionada, começo na segunda - feira, só gostaria de te agradecer imensamente, você é luz 🤍

Laari olha isso eu tinha colocado no meu mapa dos sonhos que tinha comprado roupa na loja Carmen Sterffens e olha só hj fui lá comprar 😀 Gratidão laari por nos incentivar a ir atrás dos nossos sonhos! 😍🙏

Laari tenho realizado tantas coisas que coloquei no mapa dos sonhos e pareciam impossíveis!!! Viagem, esporte, qualidade de vida, até ajudante pra limpar a casa que era um sonho antigo e pode parecer bobo, mas eu não conseguia

Acabei de ganhar um livro do meu esposo que ensina a emagrecer e comer saudável usando a lei da atração. Já vou começar a ler hoje mesmo porque tenho certeza que agora vai!!

Eu era totalmente descrente da LDA e nos últimos meses virei garota propaganda 😊😊

Influenciada por você 🤍

Duas coisas que ja foram realizadas no meu mapa dos sonhos. Ontem foi minha prova de direção, e eu passei de primeira, com a mais tranquilidad E eu sou muito ansiosaa.. Usei a tecnica 3x6x9 também, gratidão 😁 😁

A foto abaixo é uma bolsa de extens da faculdade, foi a primeira coisa qu se realizou nesse mapa

Lari é Surreal o poder da lei da atração, já estou vivenciando muito dela na minha vida, mas esse fim de semana em especial até me arrepiei. Eu tenho escrito no meu mapa dos sonhos que eu desejava um Macbook, mas na minha cabeça eu conseguiria um só após formada na faculdade, de qualquer forma eu acreditei como se já fosse meu. Esse fim de semana eu ganhei um 😍 mulherrr ninguém sabe o que tem escrito no meu mapa. Mas o universo sabe 🤍 é incrível

Detalhe que eu nunca disse a nenhuma pessoa que eu queria um Mac.

Eu só queria fizer que veio a aprovação 🤍 mapa dos sonhos

você se deparar na sua vida. Não importa se quem está ao seu redor te apoia ou não. Se as pessoas não curtem o seu trabalho, ou se sentem raiva de você. Quando alguém te jogar uma pedra no caminho, não as jogue de volta. Use aquele sentimento ruim que você sente na hora, aquela raiva, aquela tristeza ou aquela angústia para fazer algo positivo na sua vida, como tirar a bunda da cadeira, fazer um novo projeto, fazer algo por si mesmo.

Quando a pedra chegar no seu caminho, você sempre terá duas opções: ou deixar que ela atrapalhe sua caminhada, faça você tropeçar e cair; ou usar essa pedra para construir o seu palácio, o maior reino que você puder. A escolha é totalmente sua.

Eu estou escolhendo construir esse castelo, pois nasci para impactar vidas e esse é meu propósito. Se isso fere alguns, paciência. Enquanto isso, eu ajudo a curar outros. Não vou parar. Por isso, mesmo quando as pedras surgem pelo caminho, eu agradeço, pois elas ajudam a tornar o meu castelo mais forte e resistente.

Um tempo atrás eu mentalizei, visualizei e fingi como se já fosse real, e quando chegou o mês de setembro de 2020, eu estava pronta, superando um desafio e realizando mais um sonho.

Ajudei a minha primeira turma do Treine Sua Mente a se tornar mais forte e realizar grandes desejos, como ganhar mais dinheiro, conquistar o trabalho dos sonhos, mudar o corpo, ganhar mais autoestima e autoconfiança.

Não era só mais um ataque, mas um *hate*. Pra mim, era a oportunidade perfeita para hastear minha bandeira, ajustar minhas velas e navegar no que ainda me era desconhecido, mas que mais tarde eu entenderia, afinal, tá tudo na mente, e eu continuo navegando do pensamento à realidade dos meus sonhos. Eu desperto todos os dias para viver tudo com que sonhei.

"Resiliente é aquele que se adapta aos novos caminhos. Antifrágil é aquele que não só se adapta, mas que também tira proveito do caos. Minha ideologia é a antifragilidade e meu caminho é a ressignificação de meus caminhos. Eu nasci para impactar vidas e esse é meu propósito. Se isso fere alguns, paciência. Enquanto isso, eu ajudo a curar outros. Eu não vou parar, e mais uma vez obrigada pelas pedras, meu castelo não para de crescer."

Vídeo "Tá tudo na mente"

"As pessoas jogarão pedras em você. Não as jogue de volta. Não tropece. Colete-as e construa um império."

TÁ TUDO
NA MENTE!

intuição

10 UM NOVO OLHAR – O DESPERTAR

Algo que as pessoas me perguntam bastante, tanto no Youtube como no Instagram, é sobre como foi meu processo de despertar espiritual.

Eu acredito que não haja um simples: "Ah, despertei!". Não faço uma separação entre os "despertos" e os "não despertos". Acredito que se trata de um processo, sim, e que ele tem fases. Você pode despertar uma vez e pode despertar outras vezes e depois mais ainda, e então vai progredindo, evoluindo constantemente. Eu já vivenciei várias fases assim e entendo que isso sempre acontece de forma diferente para cada pessoa. Vou compartilhar aqui como é que foi e como está sendo comigo porque, de novo, é um processo.

Eu sempre fui bem distante desses assuntos ligados à espiritualidade, e quando ouvia falar em despertar não fazia a mínima ideia do que isso realmente significava. Mas então como foi que eu comecei a me aprofundar nesse assunto?

Tudo começou na quarentena, que o mundo inteiro passou a viver em decorrência da pandemia de Covid-19. Bem, na realidade, foi um pouquinho antes, em meados de agosto de 2019, quando entrei para o SwáSthya Yôga, do Método DeRose, e lá eu comecei a embarcar em um processo de autoconhecimento.

Antes disso, se eu for comparar com agora, porque naquela época para mim estava tudo bem, eu estava muito desconectada de mim, da minha essência. Eu vivia muito pela aparência também, era muito preocupada com o meu corpo, como vocês podem ver no próprio canal do Youtube se buscarem os vídeos mais antigos; basicamente, eu só postava conteúdos mais relacionados ao mundo fitness. Naquela época, meu objetivo era sempre mais voltado à estética, e não dava tanta importância para assuntos mais ligados à essência da vida. Eu simplesmente não notava essa desatenção sobre outros assuntos fundamentais, e para mim estava tudo certo.

"Os SINAIS são para TODOS,
mas nem todo mundo
CONSEGUE VER."

Notas da Laari

11:11

O que significa ver horas iguais?

Os números estão carregados de sentidos e energia e ver de forma contínua números ou horas iguais pode ser um sinal de que você está entrando em harmonia com o Universo, está despertando e está no caminho certo.

O Universo não se comunica por palavras, mas por vibração. E uma das formas de sincronicidade é pelos números. Afinal, eles também carregam energia e significado.

Cabe a nós, por meio da intuição, entender minimamente o que significam.

Podem existir diversos significados, então o ideal é que, se você estiver vendo números repetidos, pare, medite, entre em contato com a sua intuição e então ficará mais fácil identificar o que é.

Quando entrei para o método DeRose, foi um processo meio intuitivo. Eu não entrei de forma intencional *para alcançar meu despertar*, até porque eu não entendia nem o que era autoconhecimento. Eu não via sentido em me preocupar com algo que era desconhecido. Entretanto, só fui compreender o que era autoconhecimento à medida que ia me autoconhecendo, e com essa descoberta finalmente fui dando a devida importância.

No começo, quando entrei na prática, eu realmente não levava muito a sério. Mesmo assim, fazia duas vezes na semana e fui começando a gostar da ioga, que é um ótimo meio para se autoconhecer, silenciar a mente e estabilizar as emoções. Então, quando a quarentena começou em março de 2020, eu fui me sentindo cada vez mais ansiosa, assim como muitas pessoas. Desde muito nova já morava sozinha, mas naquele momento de insegurança e incertezas, eu me senti ainda mais solitária e sensível. Senti então que precisava intensificar a ioga, e a prática, que vinha combinada com a meditação, transformava-se num combo que me fazia bem.

Passei a me disciplinar para fazer a prática todos os dias. Ao levantar da cama, era a primeira coisa que eu fazia no meu dia; cheguei a praticar duas vezes ao dia, tanto a ioga como a meditação. Até que a virada de chave aconteceu. A ioga possibilitou que eu começasse a me autoconhecer cada vez mais e sentir coisas que eu nunca senti antes. Ao vivenciá-la de um jeito que eu nunca tinha experimentado, não só na realização dos asanas, mas também em todos os movimentos, em todos os exercícios de respiração, isso me permitiu experienciar uma profunda conexão comigo mesma e com o momento presente; imergi em uma verdadeira meditação. Esse foi o começo do meu processo de expansão de consciência.

Wow, o que está acontecendo? Era o que eu me perguntava naquela época, porque as primeiras sensações foram bem intensas. Na realidade, chegou a ser um tanto assustador também, pois algumas coisas pareciam uma loucura. Tem gente que acha que é uma beleza o processo de autoconhecimento, o processo do despertar. Mas a verdade é que podemos viver muitos momentos dolorosos durante essa fase. Para você ter uma ideia, passei a ter muitos questionamentos, e cheguei inclusive a gravar vídeo no meu canal contando sobre isso.

Vídeo

Tive uma crise existencial em que passei a me questionar a respeito de tudo:

Mas por que eu estou fazendo isso?

Por que eu estou filmando essas coisas?

Para que estou gravando tantos stories?

Por que estou treinando??

Não importava o que eu estivesse fazendo, os questionamentos seguiam comigo. Quando eu ia gravar, por exemplo, meu momento de bater no liquidificador um *whey* com banana, eu ficava:

Meu, mas por que eu vou fazer isso?

O que tá acontecendo?

Quem eu verdadeiramente sou?!?

Mil pensamentos passavam em minha mente. Eu não parava de me questionar se era com isso que eu deveria trabalhar. *Será que é isso que eu gosto, isso que eu quero? É esse o meu propósito? É essa a minha missão?*

Gente... foram muitos, e muitos, e muitos questionamentos. Dividi todo esse processo na época porque, imagine a situação: eu estava bem, acordava, fazia toda minha prática de ioga, minhas tarefas diárias, e então simplesmente chegava um momento que eu entrava nesse *looping* de indagações. Eu queria muito entender qual era a razão de tudo aquilo que eu estava sentindo. Cheguei a perguntar para as pessoas se alguém que já havia passado por aquilo, ou estava passando, poderia dividir sua experiência, dizendo o que havia feito a respeito daquelas reações. Perguntava se havia livros que falavam a respeito disso, ou se realmente era algo normal da quarentena, se aquela fase também estava mexendo com as emoções delas. Parecia ser um peso esse negócio de autoconhecimento...

* * *

Passados quase três meses do início da pandemia, senti que as ideias foram começando a clarear. Aquele momento inicial em que tudo parecia confuso, e que causou tantos questionamentos que iam dificultando a visualização do que eu de fato queria para a minha vida, do que é realmente meu sonho e propósito, foi sendo superado.

Ter falado sobre isso durante o processo ajudou muito, então hoje recomendo a você que tente falar com alguém também quando você sentir que o seu momento de despertar chegou. Tente falar com você mesmo diante de uma câmera e coloque as ideias em forma de imagens. Não sei como é para você, mas eu sempre caminho na frente de casa pela manhã, e aí começam a vir várias ideias. Assim, corro para o bloco de notas e anoto na hora, porque senão esqueço. Não adianta, a gente esquece se não anotar, então vai lá no seu bloco de notas e anote também. Coloque lá "insights" e, quando vier a ideia, já escreva, sem filtros.

A gente tem milhares de pensamentos durante o dia, não tem como se lembrar de tudo se não anotar. Então pratique essa dica, tente ir para lugares diferentes, mas se não der no momento, pode ser na sua casa, na sala, no quarto, em algum outro lugar do seu prédio. Quando as ideias começarem a vir, anote, e então tudo ficará mais claro.

"Uma mente forte no treino é uma mente forte na vida."

Minha vida mudou desde que eu olhei o corpo da Shakira e desejei alcançar aquilo. Mudou desde que decidi me libertar dos remédios controlados. Mudou desde que comecei a treinar pesado para alcançar meu objetivo estético. Desde que saí do

Porto Alegre - Higienópolis
19 de março de 2019 00:39

estágio para seguir minha ideia fervente. Mudou desde que me tacaram pedras e eu construí meu castelo.

Começou com o meu corpo, minha estética. Fui fortalecendo minha mente no treino, aumentando a força, o número de repetições, confiando no meu potencial. Era um tubarão pra mim, mas olhá-lo e me desesperar não o tiraria do meu caminho. Eu precisei enfrentar. Enfrentar o medo, a tempestade e o tubarão. Uma vez li uma frase que dizia mais ou menos assim: "Um pássaro, quando decide aprender a voar, sabe mais sobre coragem do que sobre voo", e talvez fortalecer a mente seja exatamente sobre isso. Não é sobre saber de tudo, mas é sobre preparar a mente para enfrentar tudo.

Eu fortaleci minha mente no treino. Quando achei que não ia mais, insisti... até ir. Quando achei que não seria capaz de fazer algum exercício, coloquei em minha mente que era, e insisti até conseguir. Quando eu achava determinada posição de ioga

difícil, eu insistia em falar para a minha mente que era fácil. Até conseguir fazer.

Encontrei a minha melhor versão desde que descobri a maior força da minha mente. Não eram só as repetições do exercício; na realidade, eu estava ensinando a minha mente a NÃO DESISTIR. Estava condicionando-a a ser forte.

Criei a "bateria da resistência".

E usei toda carga colocada nela para alcançar objetivos de outras áreas da vida. Força para estudar, para trabalhar, resiliência para lidar com os obstáculos do dia a dia. Força para lidar com a instabilidade e os desafios da vida de empresária.

A mesma mente que foi determinante para a mudança do meu corpo foi a mente que me fez prosperar nos negócios.

E é a mente que eu treino diariamente para não desistir de todos os meus objetivos.

Quando estou na sala de musculação, eu vou com um único objetivo: dar o meu melhor. Não é sobre o halter, a barra, o agachamento ou o leg press. É sobre a sede de tornar a minha mente cada vez mais forte... afinal:

"Uma mente forte no treino é uma mente forte na vida!"

O lugar de chegada é predestinado ou planejado?

Certa vez me perguntaram: "Laari, você acha que temos uma história já escrita e predestinada ou somos escritor da nossa própria história?".

Acredito que há inúmeras versões de livros da nossa história já escritas e nós temos o poder de escolher qual delas irá para a livraria.

Sim... nós vivemos em um Universo de infinitas possibilidades. Várias versões suas já existem. Há vários destinos que você pode cruzar na sua navegação enquanto explora sua ideia fervente. Seu eu empresário, seu eu de sucesso, seu eu namorando, seu eu solteiro, seu eu casado. Seu eu viajando ao mundo, seu eu dos seus sonhos, aquele que você acha que só mora no seu pensamento, sabe? Ele já existe!

Tudo já existe!

O que determina se você acessa ou não cada um dos cenários é a frequência em que você se encontra no momento. Assim como em um aparelho de rádio para você ouvir a Antena 1 você precisa sintonizar na Antena 1, você precisa sintonizar a sua frequência conforme a realidade que deseja acessar.

Lembre-se: nós operamos em níveis de frequência. Tudo é frequência, tudo é energia.

E você altera a sua frequência moldando seus pensamentos, sentimentos e ações de acordo com aquilo que deseja alcançar.

Então eu costumo dizer que, ao mesmo tempo que todas as versões de livros nossos já existem, nós também estamos escrevendo a todo momento.

Nós estamos determinando a ordem dos capítulos, quando tomamos ação para fazer algumas coisas e procrastinamos outras.

Estamos publicando alguns dos livros e guardando os rascunhos de outros, quando decidimos deixar nossas ideias apenas no nível imaginário.

Estamos definindo se o livro será apenas um conto de fadas, no momento que duvidamos da nossa capacidade de realizar aquele sonho.

Estamos tornando o livro um *best-seller* no momento que criamos coragem para sermos protagonistas da nossa vida.

Qual versão sua você está permitindo ser vista e vivida hoje?

Às vezes aquele rascunho só está esperando ser chamado para as prateleiras da livraria. Quem vai determinar isso? **VOCÊ, SUA CORAGEM E SUA CONFIANÇA!**

ideia fervente
MAPA DOS SONHOS
FAMÍLIA
TRABALHO
DINHEIRO
RELACIONAMENTO
pensamentos
positividade
gratidão
responsabilidade
confiança
protagonismo
capitão
intuição
dúvida
dificuldade
falta de apoio

11

A CONSTRUÇÃO DO SEU PRÓPRIO BARCO

"... Agora você está apto para construir o seu próprio barco!"

Do pensamento à realidade é uma travessia. É partir de um ponto a outro. E talvez a gente possa compreender melhor se enxergarmos essa travessia como uma viagem.

Quando decidimos viajar para algum lugar, vamos nos preparando em cada detalhe. Traçamos a melhor rota, conferimos no mapa e no gps, ajustamos nosso meio de transporte e partimos.

Atravessar o que separa o plano mental do plano físico é como navegar, e foi por isso que escolhi o barco.

Na navegação não há tantas certezas sobre a condição do clima. Há dias de muito sol e poucas nuvens e também há dias de chuvas fortíssimas. Mas o barco precisa manter-se. Não há escolha.

Eu escolhi o barco porque ele é todo aberto. Você consegue enxergar o surgimento do sol pela manhã e a chegada da lua durante a noite. Você vê o sol nascer e partir, sem precisar dizer que ele deve fazer isso, afinal ele segue a forma fluida do Universo de comandar as coisas. Com isso, você vai aprendendo a confiar.

E por falar em confiar... pode ser que demore até você compreender sobre confiança. Confiança sempre será um convite para você soltar a âncora daquilo que você não pode controlar. E quando digo sobre soltar a âncora, é sobre deixar de confiar em coisas que não estão no seu domínio.

Você não pode controlar o clima, o vento... e talvez isso seja muito assustador no começo e eu te entendo. Talvez seja desesperador sempre que uma condição fora do seu controle te atravesse, e tudo bem. Confiar é um exercício diário. E no começo pode ser que realmente seja mais difícil, mas depois você vai aprendendo a usar sua embarcação ao seu favor.

Seus pensamentos são as velas dessa embarcação. E sobre isso você tem controle.

Suas ações são como o volante desse grande barco. E sobre ele você também tem controle.

A proa é o lugar de descanso e segurança de que você já ajustou tudo a favor da sua navegação e agora é hora de soltar.

Nas velas você faz os ajustes, no volante você age e na proa você confia!

Do pensamento à realidade não é uma viagem única. Talvez você ancore o seu barco em uma ilha segura e confortável para aquele momento da sua vida, mas anos depois talvez ali não seja mais um lugar tão bom pra você e você precise mudar. Recomeçar essa travessia vai ficando menos assustador não porque vai ficando mais fácil, e sim porque você vai ficando mais hábil!

Bom marinheiro se faz em mar agitado!

Do pensamento à realidade é um convite diário. E esse convite não se limita às poucas mais de duzentas páginas deste livro.

Por isso eu deixei para você algumas folhas em branco no final.

Bem-vindo ao mar, capitão! Sua navegação começa AGORA.

AGRADECIMENTOS

Quero agradecer em primeiro lugar a Deus por Ele sempre estar comigo e me guiar para a realização do meu propósito de vida. Agradeço a toda minha família, especialmente aos meus pais, Silvia e Romeu, por terem me criado com tanto amor e por terem me ensinado o que são princípios e valores. À minha irmã, Amanda, que é minha companheira e melhor amiga e me faz ver as coisas com outro olhar. Ao meu cunhado, Áurio Lima, que me ensina a ser uma pessoa e uma empresária melhor. Agradeço aos meus mentores, especialmente Joel Ruocco, Mateus Herrmann, Luiz Alberto e Pedro Vaz, que me encorajam constantemente no meu processo de crescimento e evolução pessoal e profissional. Aos meus amigos por estarem comigo na minha jornada, me trazendo momentos felizes e aprendizados. À Camila Souza e Emerson Soares, dois grandes anjos que a vida me deu e que me levaram a descobrir o melhor de mim e da minha essência. À Conexão 11:11 por serem tão fiéis e proporcionarem uma troca genuína de conhecimento. À Amanda Kisilewicz, amiga essencial que me faz ver mais brilho no meu trabalho. À minha equipe LM, que é essencial para levar esse propósito grande com amor e alegria para mais pessoas. Ao Grupo Citadel pelo suporte e incentivo para a execução deste livro. Agradeço profundamente à Laari do passado por não ter desistido dos seus sonhos e hoje estar aqui levando o seu conhecimento para milhares de pessoas. Agradeço à Laari do futuro por acreditar tanto na minha versão atual e falar diariamente para ela não desistir.

E por fim, agradeço e parabenizo todas as pessoas sonhadoras e ambiciosas que estão prestes a se tornar capitãs das suas próprias vidas a partir da leitura deste livro. Parabéns, e vamos embarcar juntos nessa!